U0820723

上海海关学院
工商管理与关务学院 | 优秀青年博士学术文库

羊群行为
与系统性风险传染

张向丽 著

上海交通大學出版社
SHANGHAI JIAO TONG UNIVERSITY PRESS

内容提要

本书围绕系统性风险传染及其与资本市场羊群行为的关系展开研究，采用动态混合β测度模型分别分析证券分析师的羊群行为、机构投资者的羊群行为以及二者的叠加羊群对系统性风险传染的影响，并且揭示其中的传导途径和作用机理。该研究对我国当前资本市场深化改革、防范系统性风险具有重要的理论和实践意义。

本书可作为管理学、金融学及相关专业的硕士、博士研究生的辅助教材，也可供高等院校教师、科研人员、金融从业人员以及政策制定者参考。

图书在版编目(CIP)数据

羊群行为与系统性风险传染 / 张向丽著. -- 上海 ：上海交通大学出版社，2025. 6. -- ISBN 978 - 7 - 313 - 32927 - 1

Ⅰ. F830.59

中国国家版本馆 CIP 数据核字第 2025ZJ4626 号

羊群行为与系统性风险传染

YANGQUN XINGWEI YU XITONGXING FENGXIAN CHUANRAN

著　　者：张向丽
出版发行：上海交通大学出版社　　地　　址：上海市番禺路 951 号
邮政编码：200030　　电　　话：021 - 64071208
印　　刷：常熟市文化印刷有限公司　　经　　销：全国新华书店
开　　本：710mm×1000mm　1/16　　印　　张：13.25
字　　数：176 千字
版　　次：2025 年 6 月第 1 版　　印　　次：2025 年 6 月第 1 次印刷
书　　号：ISBN 978 - 7 - 313 - 32927 - 1
定　　价：78.00 元

前言

FOREWORD

当前我国经济在一定程度上面临着内部结构性供求失衡和外部环境不确定性加剧的双重压力。在经济新常态下，政府采取宏观逆周期政策配合供给侧结构性改革等举措确保“调结构”“稳经济”“保战略”的持续推进。然而，政策传递和改革红利的释放存在时滞，新旧动能转化的复杂条件和需求不足的惯性压力极易导致“大水漫灌”，若不谨慎引导则会加剧整个经济系统的脆弱性。同时，我国多层次资本市场逐渐形成，各类资本市场主体多样、规模不断扩大且相互间复杂关联，提升了发生系统性风险的可能。防范和化解经济领域可能出现的重大风险，牢牢守住不发生系统性风险的底线，是我国建设现代化经济体系、实现高质量发展的必然要求。然而，系统性风险的防范不应仅仅关注其表面，还应该追本溯源。研究发现，系统性风险之所以产生巨大的破坏力是由于其风险传染的本质，即在基本面原本健康的情况下，外生冲击导致公司出现经营危机且在其内部传染扩散进而导致公司自身乃至整个经济系统发生系统性风险膨胀，给整个资本市场带来灾难（FSB/IMF/BIS，2009；IOSCO，2011）。风险传染“连带”“放大”的性质体现在：产生于宏观层面的风险原本对于一些企业没有直接影响，但是伴随着经济变量的传导机制，经过复杂的中介作用，间接影响了这些企业；源自微观层面的风险由于大量聚集，伴随着风险重要性企业或金融机构的风险放大作用，形成了可以对整个社会、宏观经济产生影响的系统性风险。因此,对影响系统性风险的因素进行溯源,找出与之相应的风险传染途径和作用机理是防范和化解系统性风险的关键所在,也是牵动监管层、各类机构和企业神经的敏感问题。

根据行为金融学理论,资本市场的羊群行为呈现出显著的"系统性"和"传染性",这些特征使得其与系统性风险传染具有天然的联系。2005年底以来,国家实施了"超常规发展机构投资者"的战略,机构投资者的跨越式发展带动了证券分析师行业的急剧扩张。作为资本市场上两支重要的力量,证券分析师和机构投资者规模的迅速扩大进一步加剧了中国资本市场上证券分析师、机构投资者羊群行为的系统性和传染性。现有文献对羊群行为与各类风险之间的关系已进行了大量研究,但缺乏从系统性风险和风险传染结合的角度进行深入探讨。鉴于上述情况,本书采用基于动态混合 β 测度的资产定价模型刻画系统性风险中的风险传染(即系统性风险传染),分别考察证券分析师和机构投资者的羊群行为及其叠加羊群对系统性风险传染的影响,通过考察其相应的传导途径和作用机理进行有效的风险防控和预警。

在当前我国持续推进资本市场深化改革的大背景下,防控风险是金融工作的永恒主题,尤其是防范化解重点领域的金融风险和外部冲击。因此,本书不仅具有重要的理论价值,而且从风险传染的角度为政策制定者和市场参与者提供了现实参考。

目录
CONTENTS

第1章

羊群行为的系统性风险传染的研究背景

伴随我国资本市场制度的不断完善，多层次的资本市场逐渐建成，各类资本市场主体多样、规模不断扩大且相互间复杂关联提升了发生系统性风险的可能。其中证券分析师和机构投资者作为最重要的两类市场参与主体，其行为特征呈现出的复杂性与系统性风险的传染性具有天然的关系。本章从系统性风险防范的重要性、羊群行为的特征、羊群行为与系统性风险传染的关系、羊群行为与系统性风险传染的研究意义、研究思路与研究框架以及本研究的创新进行概述。

1.1 系统性风险防范的重要性

近年来，面对中美贸易摩擦、国内内生经济动力不足、宏观经济下行压力加大等严峻的经济形势，国家通过宏观逆周期政策发力以及以供给侧结构性改革为中心的一系列举措“稳增长”“调结构”“抓创新”，然而政策传递和改革红利的释放存在时滞，在新旧动能转化的复杂外部环境下以及在需求不足的惯性压力下进行政策强刺激如不谨慎引导往往加剧整个经济系统的脆弱性。同时，我国资本市场不断完善，多层次的资本市场逐渐建成，各类资本市场主体多样、规模不断扩大且相互间复杂关联提升了发生系统性风险的可能。系统性风险，即市场风险中无法通过投资组合的分散化操作消除掉的风险，其受多种因素影响且相应的传导渠道和作用机理往往十分复杂，以上特征使得此类风险的应对方法与其他风险具有显著差异。传染性是系统性风险的首要特点，也是其难以防范的关键所在，系统性风险造成的危机会迅速从一个机构传递到其他机构，从局部市场传递到全部市场，带来市场价格下降、市场信心丧失，最终酿成全局性灾难。

防范和化解经济领域可能出现的重大风险，牢牢守住不发生系统性风险的底线，是我国建设现代化经济体系、实现高质量发展的必然要求①。然而，系统性风险的防范不应仅仅关注其表面，还应该追本溯源。研究发现，系统性风险之所以产生巨大的破坏力是由于其风险传染的本质，即在基本面保持健康的情况下，外生冲击导致公司出现经营危机且在其内部传染扩散进而导致公司自身乃至整个经济系统发生系统性风险膨胀，给整个资本市场带来灾难（FSB/IMF/BIS，2009；IOSCO，2011）。例如，1994 年的墨西哥金融危机、2002 年的阿根廷金融危机、2006 年的美国次贷危机乃至 2008 年美国雷曼兄弟（Lehman Brothers）破产引发的金融危机无一不是通过风险传染进而引起全球性的金融市场动荡。风险传染“连带”“放大”的性质体现在：产生于宏观层面的风险原本对于一些企业没有直接影响，但是伴随着经济变量的传导机制，经过复杂的中介作用，间接影响了这些企业；源自微观层面的风险由于大量聚集，伴随着风险重要性企业或金融机构的风险放大作用，形成了可以对整个社会、宏观经济产生影响的系统性风险。因此，对影响系统性风险的因素进行溯源，找出与之相应的风险传染途径和作用机理是防范和化解系统性风险的关键所在，也是监管层、各类机构和企业关注的重点。

1.2 羊群行为的系统性和传染性特征

根据行为金融学理论，资本市场的羊群行为呈现出显著的“系统性”

---

① 2019 年 5 月 17 日，习近平总书记在省部级主要领导干部坚持底线思维着力防范化解重大风险专题研讨班开班式上的讲话。

和“传染性”，这些特征使得其与系统性风险传染具有天然的联系。一方面，羊群行为呈现“系统性”。羊群行为的本质是个体基于“从众”心理在同一时间内做出同类决策的行为，其典型的表现是相互模仿而忽略自己的主观判断。现代管理理论认为，当个体处于一个组织当中，呈现的不再是单个人或某种孤立群体的个别心理与行为，而是经过社会心理系统加工了的，所以表现出来的是心理系统的产物，其行为是系统性的。另一方面，羊群行为呈现“传染性”。羊群行为的典型特征便是“模仿”，在其潜在的实施主体中，具备信息优势或有经验的“头羊”率先做出决策，后续的决策者们选择忽略自己的私有信息而盲目模仿头羊，以此类推，随着资本市场的信息扩散，这一行为在资本市场主体之间不断传染，导致羊群行为的出现。2005年底以来，国家实施了“超常规发展机构投资者”的战略，机构投资者的跨越式发展带动了证券分析师行业的急剧扩张。作为资本市场上两支重要的力量，证券分析师和机构投资者规模的迅速增大进一步加剧了中国资本市场上证券分析师、机构投资者羊群行为的系统性和传染性。

1.3　羊群行为与系统性风险传染的关系：研究内容和研究方法

1.3.1　研究内容

现有文献对羊群行为与各类风险之间的关系已进行了大量研究，但缺乏从系统性风险和风险传染结合的角度进行深入探讨。研究发现，在我国充斥着证券分析师羊群行为和机构投资者羊群行为，且羊群行为提升了个股股价下行风险、加剧了市场波动、提高了金融体系的脆弱性（何佳等，2007；陈国进等，2010；蔡庆丰和宋友勇，2010；史永东和王瑾乐，2014）。但是，现有文献并没有从系统性风险传染的视角对这一问题进行深入分析。即，证券分析师和机构投资者的羊群行为与系统性风险传染具有何种关系？两者之间的叠加羊群又会对系统性风险传染产生何种影响？相应的传导途径和作用机理是怎样的？以及应该采用何种风控措施有效应对？现有文献对此并没有进行深入研究。

鉴于上述情况，本书采用基于动态混合 β 测度的资产定价模型刻画系统性风险中的风险传染（即系统性风险传染），不同于传统的定价模型仅仅将风险传染视为不同风险之间的传播和扩散，本书将“风险传染”从其他单一风险源中剥离出来作为新的风险源放入定价模型中，考虑到风险因子两两趋于正交的性质，这可以在一定程度上对风险传染的“真实强度”进行精确刻画，从而分别考察证券分析师和机构投资者的羊群行为及其叠加羊群对系统性风险传染的影响，通过考察其相应的传导途径和作用机理进行有效的风险防控和预警。

1.3.2 研究方法

（1）系统性风险传染的度量。为了准确地测度单个股票的系统性风险，现有研究分别从截面、时间两个维度对 CAPM 模型进行扩展。一种方法是在截面维度加入更多的风险因子以弥补模型解释力的不足，另一种方法是在时间维度对 CAPM 模型进行动态化处理，这也是当前资产定价领域的研究热点。但是，仅仅在时间维度的扩展使得模型的风险来源过于单一，对于现实世界的真实风险无法进行精确刻画。基于此，本书借鉴 Cosemans et al.（2016）、邓可斌等（2018）的研究思路，尝试对市场风险 β 进行二次分层：宏观经济风险、微观企业风险，并在此基础上构建基于宏微观的系统性风险传染指标，力求从整体上对股票背后的企业所承担的系统性风险进行追根溯源。

（2）首先，对证券分析师和机构投资者的羊群行为的持续性进行考察；其次，从三个维度刻画资本市场上的羊群行为（即证券分析师羊群行为、机构投资者羊群行为、两者之间的叠加羊群）并探究其与系统性风险传染的关系。证券分析师与机构投资者作为资本市场的重要力量，二者之间存在紧密的利益联结关系，将两者置于统一的框架之下探究其行为与系统性风险传染的关系，具备统一性。

(3)基于三个角度对资本市场上的羊群行为对系统性风险传染影响的机理进行考察。从行为金融的角度对羊群行为的诱因进行阐述，并分别从投资者关注、网络谣言、有形信息和无形信息等角度探索证券分析师羊群行为与系统性风险传染的关系，从公司信息透明度、内部控制、外部审计、高管信息披露操纵倾向探索机构投资者羊群行为与系统性风险传染的关系，从网络位置出发探索叠加羊群与系统性风险传染的关系。

(4)系统性风险传染的防控建议。根据本书得到的结论，从监管政策、资本市场信息披露制度、公司内部治理制度等多个方面对监管层、资本市场主体、企业等多个主体提出风险防控的建议。

1.4 羊群行为与系统性风险传染的研究意义

1.4.1 丰富了相关领域的文献

首先，现有文献在研究羊群行为和系统性风险的关系时，大多聚焦于其对某一类风险(波动率风险、流动性风险等)的影响，而缺乏对系统性风险传染的关注。其次，本书通过对系统性风险传染的概念界定、羊群行为系统性和传染性的理论分析，分别对证券分析师羊群行为、机构投资者羊群行为以及两者叠加羊群与系统性风险传染的关系进行研究，进一步地，对上述关系的机理和传导路径进行分析，并据此提出有效的风险防控措施，是对现有研究的拓展。最后，本书站在风险传染的视角，对系统性风险进行溯源，为后续相关研究提供新的思路。

1.4.2 实现了系统性风险传染的有效度量

现有的关于羊群行为与系统性风险的文献没能将风险传染与其他风险(例如宏观层面的不同风险、微观层面的不同风险等)之间的比例关系刻画出来，即没能将风险传染作为一个单独的风险源从不同风险源中剥离出来，以便进行精确测度。为了准确地测度单个股票的系统性风险，现有研究分别从截面、时间两个维度对 CAPM 模型进行扩展。一种方法是在截面维度加入更多的风险因子以弥补模型解释力的不足，另一种方法是在时间维度对 CAPM 模型进行动态化处理，这也是当前资产定价领域的研究热点。但是，仅仅在时间维度的扩展使得模型的风险来源过于单一，对于现实世界的真实风险无法进行精确刻画。基于此，本书借鉴 Cosemans et al.(2016)、邓可斌等(2018)的研究思路，尝试对市场风险 β 进行二次分层：宏观经济风险、微观企业风险，并在此基础上构建基于宏微观的系统性风险传染指标，力求从整体上对股票背后的企业所承担的系统性风险进行归根溯源。

1.4.3 为监管机构风险防控提供借鉴

首先，本书选取了系统性风险研究的一个较为独特的溯源视角——传染进行分析，指出了系统性风险的防范更应该关注系统性风险传染，这为从理论和实务层面构建风险防控体系提供针对性的建议；其次，通过对三类资本市场羊群行为的刻画、羊群行为的持续研究、三类羊群行为与系统性风险传染的关系及作用机理分析，为各类风险防控主体提供现实借鉴。

1.5 研究思路与研究框架

围绕羊群行为如何影响系统性风险传染这一主题，本书的研究思路和研究框架如图 1-1 所示。

(1)从行为金融学角度对羊群行为进行有效界定并确定科学的衡量方法。传统金融学是建立在“理性人”的基础上展开经济分析，其假定人是自私和理性的，一切都以最大化私人利益最终目的，经典的如有效市场

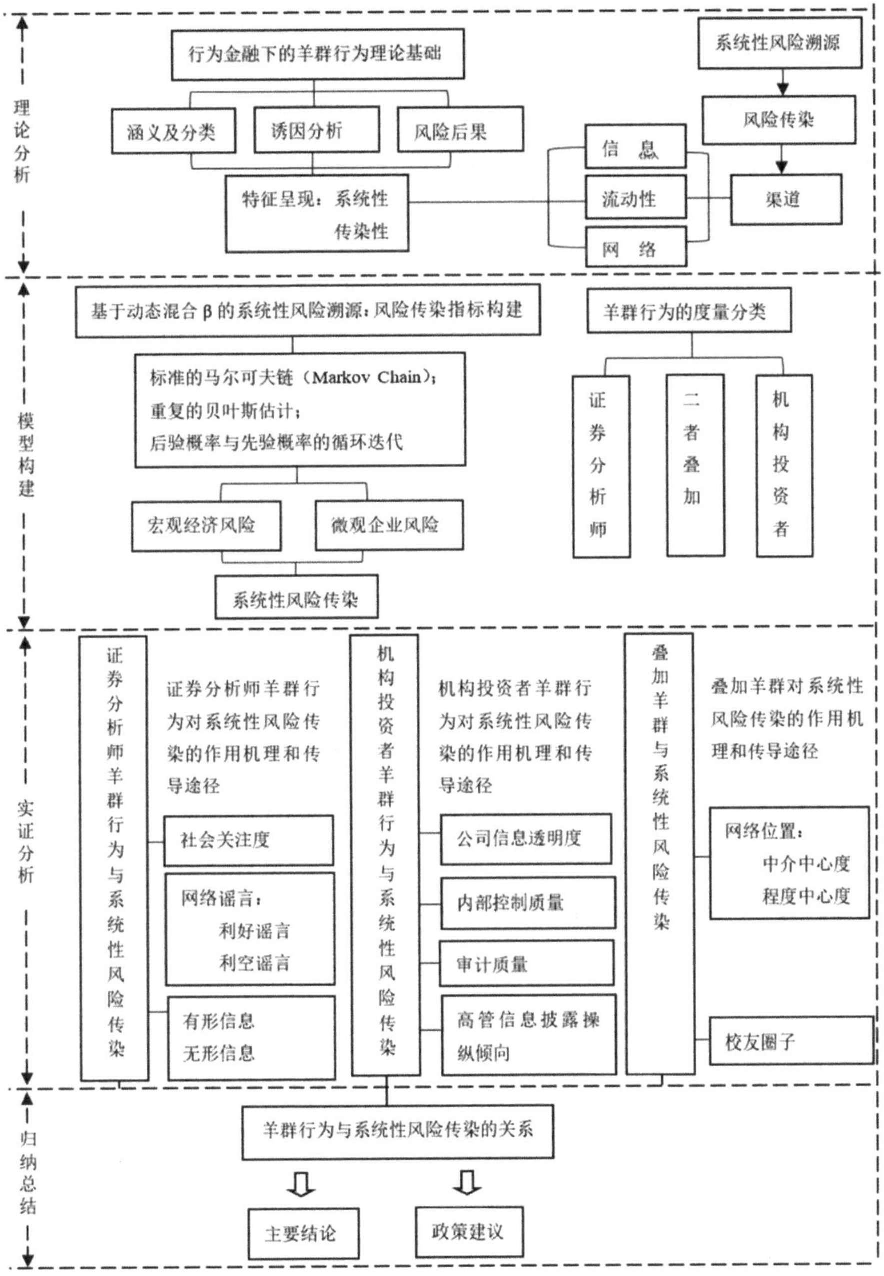

理论分析
行为金融下的羊群行为理论基础
涵义及分类
诱因分析
风险后果
特征呈现：系统性
传染性
系统性风险溯源
风险传染
信　息
流动性
网　络
渠道
模型构建
基于动态混合β的系统性风险溯源：风险传染指标构建
标准的马尔可夫链（Markov Chain）；
重复的贝叶斯估计；
后验概率与先验概率的循环迭代
宏观经济风险
微观企业风险
系统性风险传染
羊群行为的度量分类
证券分析师
二者叠加
机构投资者
实证分析
证券分析师羊群行为与系统性风险传染
证券分析师羊群行为对系统性风险传染的作用机理和传导途径
社会关注度
网络谣言：
利好谣言
利空谣言
有形信息
无形信息
机构投资者羊群行为与系统性风险传染
机构投资者羊群行为对系统性风险传染的作用机理和传导途径
公司信息透明度
内部控制质量
审计质量
高管信息披露操纵倾向
叠加羊群与系统性风险传染
叠加羊群对系统性风险传染的作用机理和传导途径
网络位置：
中介中心度
程度中心度
校友圈子
归纳总结
羊群行为与系统性风险传染的关系
主要结论
政策建议

图 1-1　研究框架图

假说、投资组合理论、资本资产定价模型等，然而，一系列金融危机和资本市场“一败涂地”的传统金融理论的实战检验表明了资本市场上的“人”更多展现的是其“非理性”的特性，而这正是行为金融学的研究基础。资本市场上的羊群行为是非理性人的典型的行为表现，因而本书从行为金融学角度出发对所研究的羊群行为进行概念界定。同时，本书参照 Hong (2000)、熊维强和宋军(2006)等人研究，采用大胆冒险程度来定义证券分析师的羊群行为、采用改进后的 LSV 模型(许年行等，2013)度量机构投资者羊群行为，并从私有信息的角度对其进行区分有效规避了上述问题。

(2)对个股承担的系统性风险传染进行有效刻画。将股票作为企业的信息载体，通过动态混合 β 测度的资产定价模型刻画企业的系统性风险，由于摒弃了共同风险因子的概念，将企业所承担的系统性风险分为宏观经济风险、微观企业风险进而通过宏微观之间的风险传染实现对系统性风险传染的有效测度，该测度也实现了从“传染”层面对系统性风险的溯源。

(3)理论分析和实证考察证券分析师羊群行为、机构投资者羊群行为、两者叠加羊群与个股承担的系统性风险传染的关系及其相应的作用机理以及相关的应对措施。证券分析师和机构投资者作为两类重要的资本市场参与力量虽有其独特的市场特性，但由于资本市场的羊群行为形成离不开信息因子，因此证券分析师和机构投资者的羊群行为在影响个股承担的系统性风险传染的过程中具有类似的作用机理，即主要通过相关信息渠道、流动性渠道和网络结构渠道进行解释，叠加羊群与个股承担的系统性风险传染的关系主要通过信息的堵塞叠加角度进行解释。较之于机构投资者，证券分析师更多扮演中介角色且偏好“捕风捉影”，因而从获取信息的动机、传递信息的质量和传递信息的偏好出发考察社会关注度、利好谣言和利空谣言、有形信息和无形信息是否影响证券分析师羊群行为与个股承担的风险传染之间的关系。机构投资者作为“一线”实践者起到公司治理的作用，因而从公司治理层面考察公司信息透明度、内部控制质量、审计质量、高管信息披露的操纵倾向、有形信息和无形信息是否影响机构投资者羊群行为与个股承担的风险传染之间的关系。叠加羊群是一种信息堵塞的叠加，而网络在这种信息堵塞的传染中扮演重要的角色，因而从网络角度出发考察网络位置、校友圈子是否影响证券分析师、机构投资者的叠加羊群与个股承担的风险传染之间的关系。

1.6 本研究创新之处:视角、内容和方法

本书采用基于动态混合β测度的资产定价模型刻画系统性风险中的风险传染(即系统性风险传染)，分别考察证券分析师和机构投资者的羊群行为及其叠加羊群对系统性风险传染的影响，本书可能的创新主要体现在以下几个方面。

1)研究视角的创新

已有文献大多聚焦于羊群行为对某一类风险(波动率风险、流动性风险等)的影响，而事实上，系统性风险的研究应关注其风险传染的本质，即，在经济原有基本面保持健康的情况下，公司内部伴随外部冲击出现系统性风险膨胀，给整个资本市场带来灾难。受限于研究视角和研究方法，以往文献针对羊群行为与系统性风险之间关系的研究存在“隔靴搔痒”的窘境。本书借鉴Cosemans(2016)动态混合β测度的研究逻辑，摒弃了共同风险因子的概念并对市场风险β进行二次分层:宏观经济风险、微观企业风险，并且利用这二者构建本书研究的重点——企业个体承担的系统性风险传染指标。本书针对系统性风险传染指标的刻画以及其与羊群行为关系的研究不仅抓住了系统性风险的“传染”本质，而且厘清了羊群行为与系统性风险关系的作用机理，需要强调的是“传染”作为系统性风险的重要性质由资产定价模型进行测度更为精准地反映了系统性风险的“外部性”，这是以往的定价模型是无法做到的。

2)研究内容的创新

已有文献在探究羊群行为的资本市场影响时，在以下几个内容上较少关注：一是证券分析师羊群行为与系统性风险传染的关系及作用机理如何；二是机构投资者羊群行为与系统性风险传染的关系及作用机理如何；三是两类羊群行为的叠加与系统性风险传染的关系及作用机理如何？本书通过构建资本市场主体行为与系统性风险传染关系的统一框架，对风险传染的渠道、羊群行为的诱因一一阐述，并从投资者关注、网络谣言、有形信息和无形信息、公司信息透明度、内部控制、外部审计、高管信息披露操纵倾向、网络位置出发对上述问题一一探究，这是对现有研究内容的突破。

3)研究方法的创新

不同于传统资产定价模型的参数估计，本书采用的动态混合 β 方法的风险测度基于贝叶斯估计（采用主观概率替代客观概率，利用先验概率计算后验概率，将本次估计得到的后验概率作为下次估计所需的先验概率，不断迭代，估计结果会逐渐逼近真实值），选取标准的马尔可夫链（Markov chain），通过重复的贝叶斯估计，得到宏观经济风险、微观企业风险的先验估计值及其标准误，结合普通最小二乘法（OLS）通过滚动回归（24 个月）得到的宏观经济风险、微观企业风险的样本估计值及其标准误，构建不同估计值的收缩权重（shrinkage weight），计算宏观经济风险、微观企业风险，并在此基础上构建系统性风险传染指标，这是对已有研究中系统性风险估计方法的补充。

第 2 章

相关研究概述

系统性风险传染的相关研究一直是学者关注的重点内容，而羊群行为诱因的研究也已经较为成熟，无论是证券分析师羊群行为还是机构投资者羊群行为的原因都可以横跨多个领域给出多种解释，同样，羊群行为的风险后果研究也具有丰富的文献基础。

因此，本书力求从证券分析师和机构投资者的双重视角深入挖掘羊群行为与系统性风险传染的关系，以及何种因素会对以上关系产生增强或减弱的作用，这对于企业、投资者和监管当局均有着一定的参考价值。结合当前的国际形势和中国“守住不发生系统性金融风险的底线”这一防控金融风险、保障金融安全的首要目标，本书借鉴 Cosemans(2016)、邓可斌等(2018)的研究思路，利用动态混合 β 测度方法对市场风险 β 进行了二次分层，并利用宏观经济风险因子和微观企业风险因子刻画企业的系统性风险传染指标，进而考察它们与羊群行为各指标的关系。为了与本书的研究目的、思路与方法相一致，我们按照以下三个视角梳理文献、评述文献：①系统性风险传染的相关分析；②羊群行为的诱因分析；③羊群行为与系统性风险传染的相关分析。

2.1 系统性风险传染：内涵、诱因及传染渠道

全球化的经济发展热潮以及新兴金融工具的持续涌现加速了资本市场上的风险蔓延，2008 年金融危机引发的系统性风险使风险传染成为监

管层、公司和社会公众关注的内容。与此相对应，系统性风险和风险传染也是学者们一直以来关注的焦点，加之本书的研究重点为系统性风险传染。因此，本部分的相关研究可以归类为以下三个部分：系统性风险传染的内涵、系统性风险的传染渠道、系统性风险的经济后果。

2.1.1 系统性风险传染的内涵

本书探究的是证券市场的系统性风险，其又被称为市场风险、不可分散风险等，其是指由于受政治、经济、文化等宏观环境因素影响在同一时段内给证券市场上所有股票带来损失的可能性，具体包括政策风险、利率风险、购买力风险、能源危机风险、政治风险（政权更迭和战争）等（Kambhu et al.，2007；田正磊等，2019）。

自 20 世纪 80 年代初期，威廉·夏普（1963，1964）在马科维茨（1952）投资组合理论的基础之上，提出了可以对协方差矩阵进行简化估计的单因素模型，不仅推动了投资组合理论在资本市场的实践应用，而且也首次实现了对系统性风险和非系统性风险的区分和计量，这是证券市场的系统性风险首次被学术界所关注。

考虑到经济环境的迭代变化以及金融危机的屡屡重现，国内外学者对系统性风险的确切含义展开了长达半个世纪的探讨分析，其观点可以被大致概括为如下几点。第一，从系统性风险的属性来看。“传染”是系统性风险的典型属性，其表现在一旦面临外部事件冲击，该事件引起的影响迅速在系统内部传染发酵，造成系统内个体之间在短期内的“同向”反应，形成一股系统性的难以扭转的合力肆虐整个经济系统，进而击溃整个经济体系带来不可估量的损失（Minsky，1995；Bernanke，2009；吴卫星等，2014；李泽广和范小云，2018）。因此，系统性风险传染的属性又被表述为“多米诺骨牌”效应，Gnozalez、Hermosill（1996）、Genayet（2003）、欧阳资生等（2019）将其阐述为资本市场上单一企业承受的打击将其风险扩散到其他企业进而引起的连锁反应，而且其恐怖之处在于无论企业健康与否都难以幸免,其伴随经济周期的起伏涨落而默默累积,直到其爆发之前都难以被察觉。第二,从系统性风险的边界来看。一种观点认为系统性风险应该以金融行业为爆发边界,其充分利用金融行业的系统重要性的地位将风险溢出和传染效应发挥到极致,从而击溃整个经济系统(Kaufman,1999;王大威,2012)。另外一种观点则认为系统性风险不应该将其框定在金融行业,其可能是在金融行业中爆发也可能在其他实体经济行业中被引爆,称其为系统性金融风险是对系统性风险的一种狭隘认识,应该站在整个经济系统和国际化的视野高度看待系统性风险(董青马,2008;Kumar et al.,2020)。第三,从系统性风险的危害来看。学者们一致认为系统性风险一旦发生都会为实体经济和虚拟经济带来不可估量的损失,其带来的危害不仅局限在金融等特定行业领域使其丧失应有的功能,而且对实体经济的危害尤甚其危害面横跨整个经济系统带来通货膨胀、失业率上升、国民非理性、资本市场信息效率降低等负向现象,时间纵向上甚至会使得国家经济衰退而“一蹶不振”难以跳出经济低谷(Bartholomew and Whalen,1995;Group of Ten,2001;张宗新和朱伟骅,2005;包全永,2005;方意和黄丽灵,2019)。

风险传染作为一个金融学概念其“传染”二字的具体内涵源自现代医学概念,具体是指病原体由有病生病入侵健康的生命体,随后此种意义引申到社会学中比如个人的行为会因觉察到他人的言行、举止而表现出类似的行为。

近几十年来,随着金融学的兴起和资本市场的如火如荼,风险传染被引入金融领域被用以表述资本市场上的各个主体之间的互动关系以及因此产生的后果,但对其具体的内涵并没有一致性的定义。Hernrich(1990)利用工业安全理论指出在面对工业安全事件时,出现损失或者伤害的事情之间不是孤立的,而是存在前因后果的关系,而且这种关系呈现一种时效性和蔓延性的特性,用其诠释金融领域内的风险传染是非常具体的表达。根据这一理论中的风险传染的特性,随后 Grubel 和 Fader

(1971)、Bakaert 和 Hodrick(1992)等对金融领域内的风险传染进行了具体的阐释，指出风险传染是一个市场的风险引起的其他市场的风险的增加，Kindlerberge(1996)首次提出了系统性风险具有风险传染的特性，这种传染可以发生在不同的国家和地区之间或者不同的市场之间。此外，国内外学者从以下几个方面对风险传染的特性进行了解释：一方面，其认为风险传染从范围上波及广泛，其风险传染的发生是跨行业、跨市场、跨国家的风险溢出和传导(李小牧，2001；Forbes and Rigobon，2002；王宝和肖庆宪，2008；赵华，2009)；另一方面，风险传染的发生判断是以一个系统内发生的经济危机是否引起了其他系统发生的经济危机为标准，即，是否发生风险传染需要根据一个系统内发生的风险是否与其经济基本面相关、是否由外部冲击导致增加、是否与外部风险具备联动等几个特征判断(Farbes and Rigobon，2002；Pericoli and Sbracia，2003；Bae et al.，2003；黄玮强等，2018)；此外，还有研究认为风险传染又具有“正”的传染和“负”的传染两种类型(Baur and Lucey，2009；靳飞，2010)。

现有文献尽管对系统性风险传染没有直接的研究，但是通过上述文献梳理可见，风险传染是系统性风险的典型属性，系统性风险传染的概念要根据具体的研究内容而定，可阐述为当个体或者系统的某一部分受到冲击，冲击对个体的影响会迅速传导，进而引起其他个体或者整体的系统性危机。

2.1.2 系统性风险产生的诱因

系统性风险的巨大危害使其防控研究成为关注的热点，而风险防控的关键就在于系统性风险的产生原因进行溯源，因而现有文献从宏观和微观两个维度对系统性风险产生的原因展开了深入分析。

从宏观角度来看，金融市场的不稳定假说(Financial Instability Hypothesis)认为金融市场固有的不稳定结构为系统性风险提供了滋生的“温床”。例如，费雪(1933)通过分析美国 1837 年、1873 年和 1929 年的经济危机得出代表宏观经济状况的负债过度和通货紧缩是出现系统性危机的主要原因，而其传导的机制则是经济体系中的某些“局部变异”引起其他经济系统的变异最终传导至整个经济系统。同样，美国经济学家明斯基(1964)在费雪的基础上从更广泛的时间维度视角指出了整个经济系统内部存在一个经济繁荣与经济萧条周期性的波动，而经济繁荣是出现系统性风险的主要原因，其认为在经济繁荣时期，资本市场主体的心理预期利润提高，投资热情高涨，人们在投资中更加愿意加入大量杠杆，此时资本市场的“钱”中信贷占比过高出现“虚假繁荣”，利率持续走高，而经济繁荣的假象会促使个人继续在投资中加入杠杆，一旦部分投资者出现资不抵债的情况，信贷占比过高的属性会导致整个资本市场的迅速崩塌，由部分企业的危机转为资本市场的系统性灾难。除了宏观经济周期波动，证券市场系统性风险的产生还与经济政策、利率与战争等具有密切的关系(杜长江，2010)。

将宏观经济层面系统性风险产生的原因下沉到微观层面，从各类微观主体的具体角度出发探究其与系统性风险的关系是学者们感兴趣的内容。例如，Bikhchandani 和 Sharma(2001)，Jegadeesh 和 Kim(2009)认为市场上投资者的从众行为会加剧金融系统的脆弱性、为个体企业承担的系统性风险上升推波助澜。不过国内的更多研究是聚焦于机构投资者行为与股价崩盘风险，认为机构投资者羊群行为提升了个股的崩盘风险(许年行等，2013；池国华和张向丽，2018)。类似地，Kumar(2010)、伊志宏等(2015)、李颖和伊志宏(2017)等人发现了分析师能够识别股市崩盘风险，且女性分析师尤为具有优势，从侧面揭示了证券中介机构与资本市场风险具有密不可分的关系。除此以外，企业作为证券市场中的核心主体，其在系统性风险中扮演的角色理应是有意义的研究方向，但现有相关主流研究还是倾向于认为系统性风险应源自宏观层面、与微观企业层面关系甚小。尽管如此，还是有少量研究持相反观点，例如方红星和陈作华(2015)在理论分析和实证研究的基础上得出了较高的企业内部控制质量能有效增强个股应对外部冲击的能力进而降低其系统风险水平。邓可斌等(2018)通过理论分析和构建模型提出在中国股市微观个体特征同样是影响系统性风险的重要因素,而这正是源于中国特色的资本市场制度设计和投资者结构,即,典型的核准制、较高的个人投资者占比以及宏观经济转型等导致了我国资本市场企业呈现了很强的同涨同跌属性,因而存在个股风险外溢的可能。

2.1.3 系统性风险传染的渠道

国内外一些学者从不同的角度对系统性风险的传染渠道进行了研究,结合现有研究和本书研究主旨,该部分文献主要从相关信息渠道、流动性渠道和网络结构渠道进行总结。

1)相关信息渠道

提升信息的市场效率是降低资本市场上系统性风险的有效途径。例如Blacklock和David(2003)、Rui(2010)、李建军和薛莹(2014)、孙晓蕾等(2014)、朱波等(2016)指出提升信息的透明度和信息披露效率是防控系统性风险的重要途径。实际上,信息作为资本市场的关键媒介具有不可替代的作用,巴恰塔亚等(1976)通过建立股利模型首次提出了信息在资本市场中的信号作用,随后两权分离及信息不对称理论等相关领域的内容引起了学者们极大的热情,由于当市场上存在信息的非对称性时,产品质量信息难以被准确地传达出去,具有潜力的价值股也难以向融资市场传递其准确的估值信息,无论是在商品市场还是筹融资市场价格的发现机制难以实现,各类市场主体维系的生态系统较为脆弱,此时一旦面临外部冲击必然带来风险的急剧上升(Spence,1973;Myers and Majluf,1986;李敏,2019)。其中,张燃和徐爽(2010)以一类较为特殊的股票(同时在A股和H股上市)为样本展开研究,发现基于同样的基本面在不同的资本市场却呈现出了不一样的系统性风险,表明维系个体运营的资本市场生态环境的差异是系统性风险的重要原因,间接表明信息披露效率是其中的重要原因。朱波等(2016)通过构建动态信息博弈模型研究系统性风险产生的原因,发现存款保险制度通过提升企业个体的信息披露效率缓解了其与其他个体的资产相关度,进而降低系统性风险。

可见,相关信息渠道是影响系统性风险传染的重要渠道,这是由于信息流通渠道不畅、信息不对称会使资本市场投资人难以识别公司健康与否,假如当大量的投资者买入或卖出一家健康状况难以识别的公司,此时投资者行为之间必然出现传染效应,一旦该公司的真实信息得以披露会殃及其他公司,引发市场对资本市场上市公司的集体不信任而疯狂撤出股市导致整个资本市场崩溃(Amihud et al., 1999; Colla and Mele, 2010)。现有文献在研究信息与风险的关系时主要集中两个方面:一是信息透明度。例如,Jin and Myers(2006)、Hutton et al.,(2009)、李增泉等(2011)、潘越等(2011)直接研究了信息透明度与股价崩盘风险的关系,认为提升信息透明度是降低个股崩盘风险的重要途径。之后的研究又通过引入第三变量的方式间接表明了信息透明度对股价崩盘风险的影响,例如,周晓苏等(2016)以我国A股上市公司为样本、从资本市场信息的角度,在考察微观个体企业环境不确定性如何影响公司的信息披露策略及两者在交互作用中是否对个股股价暴跌风险具有影响时发现,较高的企业财务信息透明度可以降低环境不确定性对股价暴跌风险的影响,何乔等(2017)引入机构投资者行为对中国资本市场研究时发现,机构投资者持股与股价崩盘风险的关系受外部资本市场信息透明度的显著影响。二是信息不对称。例如,周丽莉和丁东洋(2010)利用中国资本市场为样本研究了信息不对称对信用风险转移在分散和降低银行风险中的作用时发现,信息不对称带来了信用风险转移的低效,进而导致风险的定价不准和风险集中不适等问题。许年行等(2013)通过研究机构投资者羊群行为与股价崩盘风险的关系,侧面印证了信息不对称在企业风险减弱中的重要作用。冯诗婷(2017)在研究资产证券化制度与系统性风险的关系时认为,健康完善的信用评级制度是降低信息不对称和实现高效的资产定价的重要途径，我国信用评级制度的不完善导致资产信用化评价过程中存在“暗箱操作”的可能，而这大大加剧了系统性风险的积累和传染。池国华和张向丽(2018)采用序贯交易模型、以中国沪深两市A股上市公司和股票型公募基金为样本，实证考察了基金羊群行为对股票投资组合崩盘风险的影响时，发现基金羊群行为是一种“以邻为壑”的投资策略，加剧了市场波动、破坏了市场稳定和提高金融体系的脆弱性，而究其原因还是在于资本市场的信息非对称性。

2)流动性渠道

流动性是资本市场的典型属性，是证券市场的生命力之所在，是市场稳定的有效前提(Harris，1990；刘洋和刘善存，2008)。

在证券市场中，流动性渠道的理论认为，即使个体经济基本面情况不变，但冲击导致其流动性骤降进而带来个体乃至系统内部整体风险(Crossman and Merton，1988；陈新春等，2017)。研究认为，股票市场的正常流动由以下三种状态维持：第一，股票市场交易必须及时，这是由于市场交易间隔期间吸收到的信息会对正在形成的价格产生较大影响，因而交易间隔期间越小，股票交易的及时性越强，股票价格才会被准确反映(Longstaff，2010)；第二，股票市场存在深度，由于场内投资者种类多样，各类投资者在接受信息渠道和处理信息能力上有异，因而信息效率不同会导致股票市场实际价格与均衡价格之间存在一定的深度差异(Barone and Magilke，2009；Tan et al.，2015；丁慧等，2018)；第三，交易成本的最小化，在具有庞大交易量的股票市场上，看似较低的交易成本是投资者投资策略考量的重要因素，Kim and Verrecchia(1994)、Bhattacharya et al.(2008)、Jayaraman(2008)、游家兴等(2017)发现市场信息交易机制的不同会使投资者对个股区别对待，而主要的就是基于对交易成本的考量，一旦交易成本过大，他们会放弃采用“公允价值”的个股评判标准转而选择“用脚投票”的非理性行为。而一旦面临外部压力，流动性渠道的正常运作会受影响，这一影响的恶劣后果可以用银行业来做说明，当银行面临外部冲击时会遭受挤兑的压力，进而单个银行的挤兑传染至其他银行带来整个金融业的恐慌，此时整个银行业存款数量急剧下降甚至存款枯竭，使得本来完全具有清偿能力的健康银行也会面临破产的风险（Harris，1990；Longstaff，2010）。

还有文献通过实证分析结果印证了金融传染的流动性渠道。例如，杜长江（2010）认为只有在流动性充足的情况下，投资者才可以在证券市场正确利用价格机制实现价格的发现功能，同时他还指出证券市场的流动性是其能否有效运行的关键，在流动性充分的市场，信息反映的间隔较低，投资者主体的信息反映频率提高进而促使其依据"真实信息"做出决策，而当市场流动性较差时会导致投资者非理性行为进而增加系统性风险。同样，Brunnermeier and Pedersen（2009）、孙彬等（2013）、Antinolfi et al.（2014）等人也指出流动性的紧张会加剧系统性风险，具体体现在当市场流动性紧张时，质押式回购中的融资方会将持有的部分流动性较差的资产打折出售，而系统内大量的打折出售会引起系统性风险的上升。类似地，吴卫星等（2015）从融资流动性与系统性风险的视角出发，并讨论了市场机制在流动性危机中扮演何种角色，研究发现了融资流动性面临压力时会加剧整体市场的系统性风险，进一步从流动性层面提出了缓解系统性风险的方法，即，随后保持监管机构对银行业流动性注入的便利权力。朱睿博（2017）基于 Brunnermeier and Pedersen（2009）的研究思路构建模型，并从理论分析和实验检验的角度论证了"市场波动越大则市场流动性的系统性会显著增加"这一结论，这也是从本质上对"市场流动性集体枯竭能够解释金融传染现象"进行的验证。

3）网络结构渠道

该理论认为，系统性风险的传染离不开系统内部个体之间的链接线条，由于个体之间多样关系的存在形成了一个以链条为集合的网络结构（Allen and Gale，2000；Freixas et al.，2000）。网络结构视角下，系统内的个体就是其中的各个节点，而相互之间的链条关系能够全面描绘出系统内部的相互影响，并以此研究系统的内在联系（Freixas et al.，2000）。网络结构的构建基于不同的关系而形成不同的网络，现有相关文献可以归类为以下三类。

（1）基于信用关系形成的网络。这主要是指系统内部的个体基于相互担保等的信用链条成网关系而相互依存，一旦网络内的个体遭受财务危机，除了影响其自身外而且还会殃及其信用网络内的其他个体甚至祸及整个体系，带来系统性风险（Moussa and Amal，2011；Hurd，2016）。国外学者 Allen and Gale（2000）研究发现个体之间的信用联结程度越强，个人风险与系统风险越小。Richard et al.（2011）则认为，系统性风险与信用联结的关系并非线性：联结度高，递减；反之，递增。国内学者杜权和郑炳蔚（2010）、张乐才（2011）从资金担保形成的网络结构出发，认为这种网络结构构成的风险传染路径，进而带来极大的风险积聚效应。宋潞平和陈杰（2017）从担保融资的社会关系出发对系统性风险防控进行了分析，发现担保链条的整体态势会因外生环境不同而发生变化，当外部宏观经济平稳时，担保链条呈单独的一个大网，一旦外部经济波动，原来的大网络迅速分化为几个单独的小网络，表明外部经济冲击会导致“弱”担保链的断裂，强化局部网络效应，使得短期风险难以排泄。徐攀和于雪（2018）以我国中小企业为样本进行分析，发现中小企业之间基于相互担保建立起的复杂网络在外部冲击来临时会产生流行病似的传染效果。同时，随着互联网金融的发展，衍生出了新的风险防范点，李苍舒和沈艳（2019）在研究数字经济时代下的网络借贷是否加剧了系统性风险的压力时，发现网络信贷中信用中介是其主要形式，而且其具有非常明显的风险溢出效用，一旦防控不当会加剧经济系统的不稳定，这一研究虽不是对信用网络位置对系统性风险的直接研究，但从侧面表明了信用占据主导地位的网络贷款一旦形成复杂网络将会带来系统性危害。

（2）基于社会资本形成的网络。政治学、经济学和社会学都对社会资本含义进行了解释，虽然没有明确的定义，但可以理解为是个人或单个组织所拥有的累积价值或者资源，而个体之间的互动联结会形成基于自身资源的社会资本网络(Bourdieu，1985；刘善仕等，2017；李文龙等，2019)。现有文献对基于社会资本而建立起的网络效应形成了两类对立的观点：一类，认为形成网络的社会资本放大资源集聚效应产生层层叠加，提高了社会效率的效果，在提升资源匹配效率(Putman，1993；李文颖和陈宋生，2018)、降低企业权益资本成本(Portes and Landolt，1996；李姝等，2013)等方面具有显著功效。另一类研究恰恰相反，认为基于社会资本而建立起的网络存在诸多负面效应，尤其是大大不利于企业的风险防控。例如，Portes(1998)认为社会资本在为成员提供有价值资源的同时，也通过内部规范施加个体控制，导致某些群体团结的同时不为主流社会所认同，在面临危机时难以摆脱困境，使得整个团体面临危机。吴宝等(2011)以我国企业家密集度较高的浙江台州和绍兴为样本、从基于社会资本形成的网络结构切入，采用理论和数据分析的方法研究这一网络在企业个股风险传染中的作用，得出了基于社会资本形成的网络结构加剧了企业的风险传染的结论，并且在破碎程度较高的网络中的这一效应较弱，这一研究表明了高度集中的社会资本网络是一把双刃剑——在获得收益时的正面效应越大在危机来临时展现的负面后果就有多强，同时该研究也是对Portes(1998)理论的印证。

(3)基于企业财务特征形成的网络。一方面现有研究发现，基于公司财务特征相乘的关系网络对公司资源利用效率、核心竞争力、绩效乃至存活都具有力挽狂澜的效果(Lechner and Dowling，2000；史达和朱荣，2014)。另一方面，基于公司财务特征形成的网络同样贡献着更高的风险水平，例如，Hautsch et al.(2014)以欧洲的银行和保险企业为例、采用包含金融危机的2008和2009年的五年度数据进行分析，研究发现企业会基于其自身的一般敞口条件和资产负债表特征形成一个局部网络，实证检验发现了基于上述特征形成的网络是企业承担的系统性风险传染的一个重要时变渠道。类似地，Huang et al.(2016)通过构建整体系统性风险贡献度的网络模型，进而测度企业个体为整体系统性风险的贡献多少，最终发现微观企业个体网络中心度越高、网络节点数目越多，其承担着越高的系统性风险水平。国内学者陈新春等（2017）以机构投资者对个股的持仓联结构建了网络模型，得出这种网络共享机制能够带来“黑天鹅”的结论。

此外，还有一类着眼于作为整体经济中占据系统重要性位置的金融机构的研究。例如，石大龙和白雪梅（2015）构建了基于银行为样本的、小世界网络为主的危机传染复杂网络模型，并模拟演绎外部冲击来临时风险在各类网络中的传染路径和风险后果，发现在三种网络结构都不同程度地发生了传染效应进而引起了系统性风险的加剧。类似的研究还有隋聪和迟国泰等（2014）、欧阳红兵和刘晓东（2015）、方意（2016）等。

2.2 基于市场参与者的系统性风险传染

现代金融研究领域存在许多传统金融理论难以解释的问题，例如羊群行为、封闭基金折价现象、过度交易等，这促进了行为金融的产生和发展。行为金融学在研究资本市场主体行为时尤为关注其在系统性风险传染中的作用（Abraham，2013；吴炳辉和何建敏，2014）。从心理学角度来看系统性风险传染可以被阐释为泡沫破灭和恐慌蔓延，研究发现在资本市场上无论泡沫破灭还是恐慌蔓延都能从行为金融领域中找到它的逻辑根源——市场上充斥的非理性行为（周天芸等，2012；张一等，2017）。

2.2.1 资本市场的从众行为

Keynes（1934），他认为股票市场存在着某种莫名的群体偏激，甚至是一种荒谬的情绪在影响着整个市场的行为，这就如同经典的“选美理论”——参与选手会尽可能地猜测别人的选择并模仿这种选择，不论自己是否真的认为当选者漂亮。Smith and Sorensen（1994）发现，投资者为了达成特定目标会进行“混乱的学习”，即通常所说的“盲目跟风”“追涨杀跌”，而这会加剧整个市场的脆弱性。美国经济学家金德尔伯格(1986)从心理学的角度出发认为资本市场上的从众心理是系统性风险产生的重要原因。即，当经济繁荣时期，人们的生活蒸蒸日上，借贷较为简单，投资收益较高，“一夜暴富”的示范效应出现，使得人们提升投资热情和收益期望进而低估潜在的金融风险。同时，借贷机构在利益驱使的大环境下也放松风险警惕，大规模提升风险资产比重，投资者疯狂借贷进行投资，整个过程不停重复，从时间上呈现一种开始小心谨慎到疯狂投机的非理性演变，此时系统性风险不断堆积。

2.2.2 投资者的认知错觉和意识觉醒

Smith and Sorenwen(2005)发现，为了达成特定目标，投资者之间会进行“混乱的学习”，产生一种认知上的错觉。这是由于投资者具备“人”的属性，难以摆脱诸多非理性的束缚，在整个市场上即使个体投资者非常理性，但当整个资本市场都疯狂起来时，此时参与市场的疯狂恰恰是个体理性的表现。从心理学的角度来看，人的理性是有限的，传统金融理论中完全的理性人假设在现实中难以满足，因此从个体的心理情景入手探究其与风险传染的关系成为必然选择。Goldstein(1998)发现当金融危机爆发在某一地区时，其他资本市场主体开始呈现一种“意识觉醒”状态，他们重启对基本面的关注，此时一旦发现了之前没有注意到的问题或风险就会迅速采取行动，传染就此发生。Bekaert et al.(2014)同样证实了资本市场上“意识觉醒”的存在。根据Jordi and Climent(2012)提出的市场主体“注意力再分配”的危机传播机制，最先采取行动的“领头羊”的意识觉醒带来的问题被迅速扩大，短期内在群体内部产生爆发性的同向反应，带来系统性危机。而实际上，无论是1997年的亚洲金融危机还是2008到2009年美国次贷危机引起的全球金融性恐慌，都生动地诠释了这一传导机制。而凌爱凡和杨晓光(2012)基于谷歌(Google Trends)的搜索量、以中国、美国、韩国和日本为样本，构建了非线性的危机传染模型用以研究当危机来临时风险是如何在这个四个国家传染的，研究发现金融危机在中日韩三国之间是直接传播，而这种直接传播效用的中介是对欧美市场的注意力再配置。

2.2.3 资本市场的信息不对称

研究发现资本市场的信息不对称是资本市场“黑天鹅”频发的根源所在(Ang et al.,2006;刘圣尧等,2016;Cici,2017)。田正磊等(2019)利用A股市场数据探讨了股票所处信息网络的结构特征与其系统性尾部风险之间的关系发现股市的集体踩踏行为的程度会受到特定信息传递机制的影响，表明了信息不对称对系统性风险的影响。资本市场主体面临的信息不对称无疑为加剧风险传染提供了“助推器”。例如，Calvo and Mendoza(2000)从资本市场全球化的视角切入，研究这种变化带来的投资者策略的变化，即，全球化增大了投资者投资领域但减弱了投资者获取成本昂贵的消息的动机，进而增大了模仿市场中收益较高的投资组合的意图，此时极易形成羊群行为带来市场的过度反应，而“注意力分配机制”的危机传播机制会导致分配注意力的“领头羊”的意识觉醒带来的问题被迅速扩大，带来系统性危机，而这都是源自信息不对称。国内学者肖斌卿等(2014)以中国的两个支柱产业金融业和房地产业为样本，深入探讨了两大产业之中风险传染的理论机制，认为除企业的外部债务网络外，投资者行为才是引起风险传导的关键，而作为具有“意识”的人在信息处理上的能动性在市场信息非对称性加大时的经济后果愈加明显——极大地促进了风险传染程度。此外，纳鹏杰等(2017)、黄玮强等(2018)还发现两权分离、高管兼任、高收益率、高换手率会加剧企业内部的风险传染，而代表公司治理水平的风险管理委员会、董事会成员的财务或法律背景、高效率的公司风险管理制度能够有效缓解集团内部风险传染，这是从管理学中管理控制视角给出的风险传染的原理解释并从公司治理层面给出了风险防控建议，可见该研究是对提升公司信息对称度缓解风险传染的侧面论证。

2.3　羊群行为的诱因分析

羊群行为作为一种资本市场“异象”一直以来是学术领域的研究热点，下面分别从证券分析师、机构投资者和两者结合的角度对羊群行为的诱因和风险后果对国内外相关文献进行归纳。

2.3.1　证券分析师角度

证券分析师羊群行为是指证券分析师选择放弃使用私有信息而模仿或跟随他人的决策的现象（Tureman，1994；Devenow and Welch，1996；Graham，1999；Hirshleifer and Teoh，2003）。围绕这一定义、结合本书研究主题对证券分析师羊群行为诱因的文献进行归类。

首先，声誉是证券分析师能力的有效证明，由于维护声誉而选择羊群是其重要原因（Scharfstein and Stein，1999；Kadous et al.，2009）。在现有条件下，证券分析师获得信息的方式多样，主要可以归类为公共信息和私人信息，由于公共信息的获取成本较低，证券分析师声誉的建立与私人信息的获取密切相关，当私人信息获取成本极高时，证券分析师会为维护声誉选择模仿其他被认为是具有“内幕”消息的同行（Defond and Hung，2003；胡奕明和金洪飞，2006）。早期 Brown and Chen（1991）、Stickel（1992）和 Zweibel（1995）通过将证券分析师按能力进行分组，分别考察其各自的决策行为，发现较之于能力水平较强的证券分析师，能力较弱的证券分析师会更加注重其声誉，由此导致其强烈的从众倾向，这表明能力弱的证券分析师在获取信息上也处于劣势。但也有研究持相反的结论，如，Jegadeesh and Kim（2010）采用实证分析的方法，研究了卖方分析师在股票推荐中是否存在从众行为时，不仅发现了证券分析师的羊群效应，而且还发现来自大型券商的分析师更有可能对他人意见趋之若鹜,推测这是由于大型机构分析师对其声誉更加注重的一种表现。国内学者游家兴等(2017)利用中国上市公司和分析师数据、基于凯恩斯选美理论探讨了证券分析师的在预测中的盲从行为,发现证券分析师会依据“大众”看法而选择“变脸”,印证了证券分析师的行为符合“选美理论”,进一步研究还发现,明星分析师所呈现的变脸效应较之一般分析师稍弱,这表明明星分析师由于获取私人信息能力更强而在面对“大众”诱惑时能够选择坚守从而维护其声誉。此外,由于证券分析师声誉的维护与其对个股价格预测、荐股评价的准确性有极大的相关性,因此也有文献从预测准确度的角度对分析师声誉展开研究。例如,Kadous et al.(2009)从证券分析师预测的两个维度切入:分析师预测准确性和分析师预测一致性,分别研究这两个指标与分析师声誉之间的关系,发现在分析师预测准确性相同的情况下,投资者更加倾向于分析师预测一致性较低的分析师,表明投资者可以看穿证券分析师的羊群行为从而对其声誉进行识别。与此保持一致的是Gleason and Lee(2003)发现,较之于一般分析师给出的预测,资本市场的反应对明星分析师的预测更加敏感。

其次,基于薪酬激励而导致的证券分析师羊群行为。现有文献认为除了声誉以外,薪酬是影响证券分析师行为的又一重要决策因素。例如,Hong et al.(2000)从人力资源理论视角出发研究证券分析师的隐形激励——被迫离职率对证券分析师预测准确性的影响,发现经验不足的分析师由于为规避被解雇的风险而频繁地更改预测,进而更加容易呈现羊群效应,这是证券分析师隐形薪酬激励带来的影响。实际上,证券分析师出于薪酬考量而给出预测的行为也是由于其“饭碗”掌握在机构投资者手中,证券分析师作为一类中介机构是资本市场主体的服务者,其直接的服务人员就是投资者主体,而其中机构投资者更是负责着证券分析师的佣金、分仓收入等收益(Hayes,1998;Obrien et al.,2005)。国外学者Michaely and Womack(1999)和Mola and Guidolin(2009)通过分析也验证了证券分析师在荐股评级中出于薪酬考虑而进行一定程度的“调整”行为，即，其会为获得机构投资者对其好的评价和较高的佣金收入对股票的评级倾向于积极性的“买入”，而且会刻意隐瞒对公司不好的消息，而在资本市场上一旦坏消息得以释放，市场迅速反应，会加剧个股股价震荡。此外，Cowen et al.(2006)、董大勇等(2012)和 Hilary and Hsu(2013)也得出了类似的结论。

最后，研究发现，资本市场上的信息渠道不畅也是证券分析师进行羊群行为的主要原因。例如，Prendergast and Stole(1996)、Zitzewitz(2001)发现较之于经验丰富的证券分析师，经验较少的分析师更具有发布冒险预测的倾向，这是由于经验欠缺会导致分析师在获取信息和处理信息能力上也具备劣势，而此时他们为在短期内快速获得声誉会选择“富贵险中求”。Graham(1999)构建了证券分析师羊群行为模型以论证分析师羊群行为的存在和对其影响因素进行分析，发现当整个资本市场上的证券分析师拥有的私有信息含量不断增加时，市场的羊群行为也在不断增强，实际上私有信息含量的增加带来的是整个市场的信息不对称度的提高，间接论证了信息不对称加剧了分析师的羊群行为。国内学者施先旺等(2015)也认为信息不对称加剧了资本市场上证券分析师的预测偏离度。此外，研究还认为信息不对称性是否影响了证券分析师的羊群行为可以通过分析师的从业年限、分析师所属机构规模等加以阐述(Hong et al.，2000；Clement and Tse，2005)。

2.3.2 机构投资者角度

机构投资者羊群行为是指机构投资者选择放弃使用私有信息而模仿或跟随他人的决策的现象(Tureman，1994；Hirshleifer and Teoh，2003；Michaelet al.，2005；许年行，2013)。围绕这一定义、结合本书研究主题对机构投资者羊群行为诱因的文献进行归类。

对于机构投资者的掌舵人来说，声誉是其个人能力的有力证明和不可替代的无形资产(Morrison and Wilhelm,2004),必要时甚至充当着隐性薪酬激励的角色,机构经理人为避免陷入"次品市场陷阱"而使声誉受损(Froot,et al.,1992),同时考虑到市场普遍存在"法不责众"的追随舆论模仿失败后的责任弱化观念,会选择"抱团取暖"。薪酬契约是现代管理制度的有效约束激励方式,然而薪酬结构模式容易扭曲对代理人的激励机制导致同行间的相互模仿(Maug and Naik,1995),实证研究表明为了避免相对业绩过低而受到处罚,机构投资者模仿他人建仓是其最优选择(Vikas,et al.,2009;路磊,2014),而薪酬考核方式的不同会影响机构投资者参考其他人信息的程度(Boyson,2010),路磊(2014)利用中国2004—2009年开放式基金的数据研究基金业绩排名对羊群行为变化的影响,发现中资基金羊群行对短期基金相对业绩排名变化敏感。研究发现,机构经理人之间会通过谈话等方式共享信息(Hong,et al.,2005),当投资者对于自己的私有信息不确定时,会跟随主流信息模仿他人投资决策(Banerjee,1992;Wermers,1999;许年行,2013;Ryan and Todd,2017)。国内学者张向丽和池国华(2019)、王帅文(2019)还发现当信息对称度提高时,机构投资者羊群行为的经济后果减弱,这表明,信息不对称加剧了机构投资者羊群行为。

2.3.3 证券分析师与机构投资者关联的角度

机构投资者是资本市场的重要投资主体,而证券分析师是中介服务机构,因而作为被服务者和提供服务者,二者之间存在密切的利益关系,这导致两者在资本市场上的行为不得不保持一定的协同性(Stickel,1992;蔡庆丰等,2011)。

现有文献从多个角度对两者的利益关系进行了研究。例如,Kadous et al.(2009)研究发现分析师为了得到基金经理的支持,对基金经理所持重仓的股票提高评级。同时,Gu et al.(2009)、洪剑峭和张新(2011)、Firth et al.(2013)发现证券分析师为讨好机构投资者,在年末的荐股评级更加乐观或者牺牲了职业的客观性和独立性而做出有利于机构投资者的研究报告，而作为回报，基金经理可能在明星分析师评选活动中投票给支持他的证券分析师(Gu et al.，2014)。同时，除了这种直接的利益羁绊外，从客观的信息处理链条来看机构投资者处于证券分析师的下游，即，证券分析师基于获取的原始信息形成分析报告后传递到机构投资者手中，机构投资者用以投资决策的是前者加工处理后的"二手"信息(Hott，2009；蔡庆丰等，2011)。还有研究从间接角度论证了二者之间的密切关系，例如，Natalia et al.(2011)将机构投资者分为暂时性、专用性和准指数型三类，在检验这些不同类型机构投资者的持股比例与分析师盈利预测准确性是否相关时发现，机构投资者的持股与盈利预测准确性之间存在负相关关系，这一结论从侧面表明在面对机构投资者时，证券分析师专业测度的准确性降低，可能存在"迎合"机构投资者的行为。国内学者林钟高和杨雨馨(2017)研究证券分析师跟进在机构投资者选股决策中的影响时，认为证券分析师跟进与机构投资者持股比例存在显著的正相关关系。可见，证券分析师和机构投资者在资本市场个股判断上保持高度的协同性。此外，Foster Viswanathan(1993)、蔡庆丰和杨侃(2013)等人的研究发现尽管机构投资者和证券分析师的利益关系密切、行为保持协同、同时受声誉和薪酬忧虑的影响，但二者仍然具有明显的区别，较之于"卖方"的证券分析师，作为"买方"的机构投资者似乎更加具有实干精神，其在资金规模和信息获取处理上具有超越性的优势。

2.4　羊群行为与系统性风险传染的相关分析

2.4.1　证券分析师羊群行为的风险后果

证券分析师作为股票市场的中介服务人员，其在获取和处理上市公司消息上具备一定的专业性，其中发布包含盈余预测和荐股评级的研究报告是其主要的工作，因而证券分析师的羊群行为就主要体现在这两类业务中的从众行为。基于此，该部分文献主要围绕证券分析师在盈余预测和荐股评级中羊群行为的风险后果从国外和国内两个角度进行表述。

1)国外文献

国外研究围绕证券分析师羊群行为对其经济后果展开分析，其中在风险后果方面的观点并不集中，相关结论散见于以下文献之中。有的研究发现证券分析师在给出股票盈余预测时如果其预测偏误越大，那么其进行羊群的概率越高(Spiwoks，2008)。例如，Jegadeesh and Kim(2009)通过试验的方式调查了卖方分析师在提出股票推荐时是否围绕着一致意见而趋之若鹜，结果发现了卖方分析师的行为支持羊群假说，而且来自大型券商的分析师、关注建议分散度较小的股票的分析师以及修改频率较低的分析师更可能进行羊群。不过，Naujoks et al.(2009)根据德国分析师的数据研究其国内分析师是否在盈余预测中具有羊群行为时发现了有趣的结论，即德国分析师不仅不具有羊群行为反而存在一种“反羊群行为”，即，他们系统地发布的盈利预测比他们的私人信息显示的更远离普遍预期，不过他们这种“刻意”的行为恰恰表明了羊群行为的普遍存在性。

一般来说，证券分析师受制于利益冲突普遍存在系统性的乐观偏差，这会导致公司的许多负面信息并不能通过分析师的研究报告及时准确披露给外部投资者造成真实信息的累积，进而带来系统性的崩盘风险(Francis and Philbrick，1993；Easterwood and Nutt，1999；OBrien et al.，2005)。Dreman and Berry(1995)调研并提取了66100份证券分析师出具的盈余预测研究报告中的数据，通过数据模型的分析比对发现证券分析师的预测误差随年度增加而持续加剧，这与Brown et al.(1987)得出的结论相似。Welch(2000)以加拿大的证券分析师为样本进行了研究，发现证券分析师的买入或卖出建议对后续分析师的建议具有显著的积极影响，而且这种影响在短期信息的追溯修订中尤为明显，这一结果虽然没有直接表明证券分析师羊群行为带来的风险效应，但其从侧面表明在合适的市场环境下，这一共识性的行为具有更强的影响力，由此产生的较低的信息聚合可能导致“牛市”更加“脆弱”，该研究还发现证券分析师的盈余预测结果虽然并不会立刻反映在价格上，但其最终会体现在投资者获得的额外收益上，是证券分析师的盈余预测具有市场反应的另一点证明。随后 Mola and Guidolin(2009)通过分析认为证券分析师在荐股评级中的乐观性预测偏差倾向会具有增大个股股价波动率的效果，这是对 Welch (2000)的直接论证。Xu et al.(2016)发现分析师在其覆盖范围内聚集的比例过大的公司具有更高的崩盘风险，并且信息的产生和传播是羊群行为与崩盘风险关系互动的关键因素。

2)国内文献

国内针对证券分析师羊群行为直接风险后果的文献虽然也并不集中，但仍然具有一些非常有价值的观点。

直接风险后果的研究虽并不多见，但主要体现在系统性风险和崩盘风险两类上。例如，孙培源和施东晖(2002)基于修正了的 CAPM 模型以更精准的方法对羊群行为的存在性进行了验证，首次从实证的角度发现了证券分析师羊群行为增大了系统性风险的发生概率，相较于国外资本市场，我国的证券行业虽发展迅速但起步较晚，证券分析师的分析手段和信息获取的能力仍然较弱(胡奕明等，2003)。其中，值得一提的是许年行等(2012)从崩盘风险的视角切入，考察证券分析师乐观偏差具有怎样的市场风险后果，实证分析结果显示证券分析师乐观偏差加剧了股市的崩盘风险，而且在“牛市”期间这种效应更加明显。实际上，我国资本市场上不仅存在非常明显的证券分析师羊群行为，而且这种羊群行为是非理性的(宋军和吴冲锋，2003)。这同国外文献的研究保持一致，而且研究还发现我国股票市场上，证券分析师的预测偏误较大，预测一致性也与欧美市场存在差距，这为证券分析师羊群行为提供了便利的条件(姜国华，2004)。此外还有间接分风险后果的研究，例如，丁乙(2018)利用中国上市公司数据检验了分析师和基金经理行为的市场反应，发现分析师评级调整在短期内会带来基金经理的羊群行为进而加剧市场动荡。孙怡龙和凌鸿程(2019)将关注点定位在我国股票市场的“同涨同跌”现象上，研究证券分析师行为是否通过提升资本市场上的信息效率而对这种现象有所抑制，得出了证券分析师羊群行为与股价同步性之间具有正相关关系的结论，并进一步得出较高的信息透明度会减弱这一关系，该结论除表明信息的非对称性是证券分析师羊群行为的主要驱动因素外，还表明证券分析师羊群行为是加剧股票市场动荡的重要“黑手”。

2.4.2 机构投资者羊群行为的风险后果

机构投资者一直以来都被视作理性的投资群体，其背负着监管机构稳定资本市场的期望，即希望其能通过自身的规模性和专业性在减弱市场噪音、对个人投资者的非理性行为进行“纠偏”等方面发挥积极的作用。结合本书的研究内容，在此从国内和国外两个角度对机构投资者羊群行为产生的风险后果的相关文献进行归纳。

1)国外文献

国外文献围绕机构投资者风险后果的研究可以归类为持有对立观点的两类：有一类研究者认为，机构投资者羊群行为是理性的；还有一类研究者认为，机构投资者羊群行为是非理性的。

(1)有研究者认为机构投资者羊群行为是理性的。该类研究认为机构投资者能够稳定资本市场，这主要基于相较于个人投资者，机构投资者获取信息渠道更多、处理信息能力更加专业、其集体智慧要优于个体决策，因而在投资决策中更为理性，同时考虑到机构投资者庞大的规模，其具有稳定市场的效果(Chopra et al.,1992;Hirshleifer et al.,1994)。随后，Lipson and Puckett(2007)在其研究中通过建立模型和数据分析的方法对这一结论进行检测，发现机构投资者会接盘股票价格快速跌落的公司，会卖出股价异常上涨的公司股票，而且这一行为呈现一种策略性，而这一策略会缓解股市动荡。而这些研究只是关注了机构投资者的普遍行为，并不是对羊群行为的风险后果的直接说明。Wermer(1999)以基金为样本、聚焦于一种特殊的机构投资者行为——羊群行为上，对该行为的市场反应予以考察分析，发现了股票普遍呈现一种时间上的共同买入和共同卖出效应，这是羊群效应的典型表现，但买入和卖出上的收益呈现不对称性，即，共同买入的收益要更高，更加值得关注的是他还发现机构投资者的该类羊群行为提升了股票市场上的股价对新的信息的消化速度，这是对机构投资者的该类羊群行为能稳定市场的直接结论。与 Wermer 持同样观点的还有 Torben et al.(2003)，他们从宏观的视角对机构投资者的策略展开研究，并且认为较之于获取收益机构投资者更加是一种风险管理者，而进行羊群行为是他们规避风险的一种策略选择。

(2)有观点认为机构投资者羊群行为是非理性的，是一种加剧市场不稳定的因素。例如，Kremer and Nautz(2012)以德国股市中金融机构每笔交易数据为样本进行研究，发现机构每天都会表现出羊群行为，而且羊群效应会带来股价波动风险，但这种效应只在短期内有效，而且他们认为羊群行为更加是一种无意的行为而不是一种“有意”的策略。Venezia et al.(2010)将市场投资者分类为个人投资者和机构投资者两类，采用对比分析的方法研究两类投资者羊群行为之间的区别，进而发现较之于个人投资者，机构投资者更不具有发生羊群行为的倾向，这表明羊群行为的理论可以解释自信息理论，而且投资者的羊群效应取决于公司的系统风险，与个股收益率的波动率呈现严格的正的相关性。Huang et al.(2015)探讨了机构投资者羊群行为对风险与收益之间的关系的影响，也得出了机构投资者的羊群行为与风险收益关系之间的一个正向关系，侧面表明机构投资者对羊群行为带来的风险进行收益的补偿是一种加剧个股风险的行为。

2)国内文献

国内关于机构投资者羊群行为的风险后果的观点保持一致。首先一部分研究也集中于研究我国机构投资者的角色及其行为后果，例如，宋军和吴冲锋(2001)利用股票收益率的分散度指标衡量了我国股票市场的整体羊群行为，发现了我国股票市场的羊群行为不仅存在而且显著高于美国市场，这从侧面表明我国的机构投资者并没有扮演其所被期许的稳定市场的角色。而史永东和王谨乐(2014)基于中国的股票市场首次对机构投资者能否稳定市场提出直接质疑，并以中国上市公司为样本、采用倾向得分匹配方法对这一问题进行了深入论证，发现机构投资者整体上并没有起到稳定资本市场的作用，其具体的体现因受宏观外部环境影响而呈现差异性：当宏观经济上扬时，机构投资者加剧了股市波动，当宏观经济下行时，机构投资者虽暂时缓解了股市波动，但难挽股价一路下行的颓势。这一研究表明我国的机构投资者很大程度上并不具有稳定市场的作用。

同时，部分研究将机构投资者羊群行为的经济后果着眼于崩盘风险，研究其对微观企业个体崩盘风险产生的影响。主要的是许年行等(2013)的研究，该文选取的视角是微观企业个股视角，不仅对“真伪羊群”进行了区分而且采用改进的 LSV 模型实现了个股层面机构投资者对每支股票“真”羊群程度的度量，通过理论分析和实证检验的方法得出了机构投资者对个股进行羊群会加剧其对应股票的崩盘风险的结论，中间主要的作用机制就是影响信息的正常作用通道，使得好坏消息形成时间上的蚕茧，导致累积的信息突然释放会加剧个股动荡，指出机构投资者扮演的是“崩盘加速器”的角色。同样从崩盘风险着手对机构投资者羊群行为进行研究的还有池国华和张向丽(2018)的研究，该文采用序贯交易模型度量基金羊群行为，选取 2007—2016 年的公募基金为样本，实证考察了基金羊群行为对投资组合崩盘风险的影响，研究发现，金羊群行为降低了投资组合的崩盘风险，本书揭示了机构投资者羊群行为是一种“以邻为壑”的投资策略，其降低自身的崩盘风险是建立在加剧了市场波动、破坏了市场稳定以及提高了金融体系脆弱性的代价之上的，进一步证明了机构投资者羊群行为存在加剧系统性风险的可能。此外，还有文献从风险传染的角度给出了基金羊群行为的研究。例如，张一等(2007)通过建立高阶资本资产定价模型和市场交易因子模型分别对基金羊群行为和市场交易行为进行刻画研究国家与国家之间风险的传染机制,发现当面临宏观外部冲击时,发达国家市场的羊群行为可以传导到国内资本市场进而加剧国内资本市场风险。

2.4.3 证券分析师羊群行为、机构投资者羊群行为与系统性风险传染

尽管证券分析师和机构投资者的利益关系密切,但是现有文献直接将证券分析师、机构投资者放在一起研究其对风险传染的影响的文献并不多见。因此,本书通过梳理现有文献将一些较为散碎的观点予以整理列示。自2005年底以来,我国政府和相关机构作出了超常规发展机构投资者的战略规划,这一规划带来的是机构投资者和证券分析师的规模都迅速扩大的现状,同时带来了资本市场上的证券分析师和机构投资者的羊群行为的出现(Kyle,1985;Foster and Viswanathan,1993;张一等,2017)。

伴随两类羊群行为的出现也不乏专注羊群行为和风险传染直接关系的研究。例如,Hirshleifer and Teoh(2008)在区分羊群行为和信息传溢的基础上,对羊群行为如何产生进行了理论解释,指出投资者决策行为最终表现出来的羊群效应是由于市场信息传溢功能出现障碍,导致股票市场信息透明度下降,从而使得投资者对自己信息不足被迫选择跟随他人进行决策,而此时投资者之间的行为呈现一种传染效应。而这种行为带来的后果会使得即使健康的企业个体也会因此遭受风险压力,Hott(2009)通过建立了一个不断自我学习模拟的贝叶斯模型,研究信息在羊群行为的产生中是处于怎样的状态时发现,不考虑其他因素的情况下,羊群行为会加剧股票的系统性风险,无论企业是健康、正常运营还是面临破产危险。随后,国内学者针对中国股市也展开了类似的研究,例如肖欣荣等(2012)以中国的公募基金为样本,根据各基金重仓持有的股票数量和份额,构建了基金之间的关系网络,深入剖析了基金羊群行为的形成和发

生机理，认为动量效应和反转效应在其中发挥了重要作用，而信息在基金网络中的传播是基金羊群行为产生并传播的重要原因，该文还进一步指出机构投资者行为之间互相传染不是简单的单次或者相加，而是通过复杂网络不断地强化，最终引致系统性风险，这是首次对机构投资者羊群行为与系统性风险传染之间的作用机制进行的较为全面的刻画。同时，张一等(2017)同样从风险传染的视角对羊群行为的风险后果展开直接研究，但本书站在了更为宏观的视角，引入宏观外部冲击变量、利用改进的资本资产定价模型，试图捕捉冲击来临时羊群行为是如何导致了风险传染的发生的，发现西方较为发达的资本市场的羊群行为在面临外部冲击时会具有风险溢出效应，即，发达国家市场羊群行为的上升会引起我国市场投资者的羊群行为随之上升，从而引起金融危机的传染现象发生。

此外，还有研究直接分析了证券分析师和机构投资者的叠加羊群行为的风险后果，就是蔡庆丰等(2011)以证券分析师评级调整事件为研究对象，通过对 2005 年 1 月到 2010 年 6 月期间的 3222 个样本的分析，研究了证券分析师和机构投资者的叠加羊群行为产生的风险后果，在本书研究中不仅发现我国的证券分析师和机构投资者都呈现羊群行为，而且前者会加剧后果的这一行为，该研究虽然没有直接研究叠加羊群与系统性风险传染的关系，但其结论间接表明羊群行为的叠加会加剧市场波动性、引发市场信息阻塞、定价效率低下甚至引发资产泡沫。

2.5 文献述评

总体而言，关于羊群行为与系统性风险传染之间的关系，已有文献存在如下几个方面的局限。

第一，在研究羊群行为和系统性风险的关系时，缺乏对风险传染的关注。现有文献从羊群行为诱因中的声誉、薪酬激励以及信息渠道等各个诱因维度对其与风险的关系进行探索并取得了丰富的成果，但已有文献大多聚焦于羊群行为对某一类风险（波动率风险、流动性风险等）的影响，缺乏对系统性风险传染的关注，通过对上述内容的总结可知，风险传染虽在本质意思表示上存在共性，但并没有统一的明确概念，具体风险传染的概念要视具体实证研究的内容确定。肖欣荣等（2012）、张一等（2017）的研究虽然触及了羊群行为带来的传染后果但是并没有对该后果从企业层面进行深入的探讨。可见，羊群行为对系统性风险传染的影响是值得深入研究的内容。

第二，现有的关于羊群行为与系统性风险的文献未能刻画风险传染与其他风险（如宏观和微观层面的不同风险）之间的比例关系，也未能将风险传染作为单独的风险源从不同风险源中剥离出来，从而无法对其进行精确测度。本书对此的解决方法是：利用摒弃了共同风险因子的资产定价模型，沿着 Cosemans et al.（2016）动态混合 β 测度的研究思路对市场风险 β 进行二次分层，即宏观经济风险、微观企业风险，并在此基础上构建系统性风险传染指标。

第三，探究羊群行为与系统性风险传染的关系缺乏一个统一的视角。在股票市场中，机构投资者与证券分析师在获取信息上存在一定的先后关系，机构投资者在证券分析师研究报告基础上进行信息在再加工，形成投资决策后进行市场交易。因而，机构投资者的羊群行为受制于证券分析师的高度同质化的信息进而与证券分析师行为具有密不可分的关系，在探究羊群行为与风险传染的关系时，将“卖方”分析师与“买方”机构投资者放到一个系统内进行研究是更为系统的方法。现有文献（蔡庆丰等，2011）虽对叠加羊群的市场反应进行了探究，也得出了证券分析师和机构投资者的叠加羊群加剧股票的信息堵塞、降低市场发现价格的能力，从而增大了市场震荡和股市泡沫。但是并没有直接探讨叠加羊群与系统性风险传染的关系。

第3章

羊群行为与系统性风险传染的理论分析

本章的主要作用在于承接第1章的研究思路与研究框架，并结合第2章的文献理论，为第4、5、6、7、8、9章的实证分析提供必要的理论基础和方法。本章利用了一定篇幅对相关的理论模型进行了深入介绍，并伴随着一定的模型推导，这主要是考虑到以下原因：首先，本书采用的动态混合β测度模型较为新颖，其是在传统的资本资产定价模型采用的共同定价因子基础之上的进一步深入，即，系统性风险的不可分散性并不是CAPM模型、多因子模型所描述的来源于整体市场、相同类型定价因子的波动，而是既来源于宏观经济类的整体变量，也来源于微观企业类的个体变量，甚至来源于两者之间的交互变量，其中将风险传染视作单独的风险源采用定价模型进行溯源、量化是以往定价模型无法做到的。其次，本书对通过对羊群行为的行为金融学阐释实现对其“系统性”和“传染性”的归因，进一步实现对各类羊群行为的度量刻画，使本书理论和实证研究更加完整统一。

本章的内容安排如下：首先，指出传统的风险传染模型和资产定价模型在风险传染刻画、风险测度方面存在的不足之处，结合现实状况说明相关的缺陷。其次，介绍动态混合β测度相对原有定价模型的改进思路和方法，阐述动态混合β测度方法在风险测度尤其是风险传染的溯源、量化等方面的优点。再次，从行为金融学的产生引出探讨羊群行为的重要意义，对羊群行为进行内涵的界定，进一步提出羊群行为的“系统性”和“传染性”特征，之后分别从证券分析师、机构投资者以及两者之间的叠加互动三个维度探究羊群行为的刻画方式——"证券分析师羊群行为""机构投资者羊群行为"以及"证券分析师、机构投资者的叠加羊群",考察与之对应的度量方法。

3.1　系统性风险传染的动态混合 β 测度

3.1.1　系统性风险传染的定义

"传染"一词来始现于流行病学,意为"病原体侵入机体,使机体产生病理反应",随着这一概念被引入金融领域,诸多学者对金融风险传染展开了积极的研究并涌现出大量优秀成果。尽管如此,对风险传染的概念没有一致定义:Karolyi (2003)认为传染是"非理性的协同运动",即在剔除投资者的理性投资决策后市场间的协同运动;Masson(1999)、宫晓琳(2012)站在宏观的视角指出风险传染是当一个或者多个市场遭遇冲击时,几个市场之间的风险联动性迅速增大,表明各个市场之间进行了风险的传导;世界银行为此指出,风险传染就是在危机时期不同层次市场间波动相关性的增加;王献东和何建敏(2016)认为风险传染是指一个层域的市场波动引起另一个层域的市场波动。可见,"传染"是系统性风险的典型属性,当外部事件冲击发生时,其影响会迅速在系统内部传染发酵,导致系统内个体在短期内产生"同向"反应,形成一股难以扭转的合力。这种合力会肆虐整个经济系统,最终击溃经济体系,带来不可估量的损失(Minsky,1995;Bernanke,2009;吴卫星等,2014;李泽广和范小云,2018)。

事实上,对于系统性风险传染并没有精确的概念定义,通常将其视为不同风险之间的传播和扩散,而不是从其他单一风险源中剥离出来作为新的风险源,一方面是缺乏相应的技术手段,即确保不同风险之间不会产生重合进而引发测度偏误,另一方面是没有认识到不同风险之间传染的重要性,而这一特点恰恰是系统性风险有着巨大破坏力的关键因素,也是"黑天鹅"现象频出的主要原因。风险传染"连带""放大"的性质体现在:

产生于宏观层面的风险原本对于一些企业没有直接影响，但是伴随着经济变量的传导机制，经过复杂的中介作用，间接影响了这些企业；源自微观层面的风险由于大量聚集，伴随着风险重要性企业或金融机构的风险放大作用，形成了可以对整个社会、宏观经济产生影响的系统性风险。因此，本书将系统性风险传染界定为宏观层面风险与微观层面风险互动交叉，通过复杂的传导机制和中介作用迅速形成一股系统性的难以扭转的合力击溃整个经济体系的风险。

通过以上分析，结合羊群行为的天然特征——“传染性”和“系统性”，我们力求通过扩展传统的资产定价模型，使其对于单一企业风险的刻画不仅具备“系统性”这一特征，而且可以更为精确地描述企业不同风险之间的“风险传染效应”，将其作为独立的风险源放入资产定价模型中，考虑到定价因子之间两两趋于正交的性质，这可以在一定程度上对风险传染的“真实强度”进行准确刻画。

3.1.2 系统性风险传染的原因

在全球化的金融市场中，风险无处不在，系统性风险传染的原因也是复杂多样的。

从宏观角度来看，系统性风险主要源自金融市场的不稳定结构，其具体又可细分为政策风险、经济周期的波动风险、利率风险和购买力风险等（杜长江，2010）。其中，政策风险是指上市公司会面临政府政策不确定性的风险，尤其是在中国特殊的制度优势下，政府宏观经济调控的能力较强，政府政策的出台以及改革不仅短期内对公司的业绩和投资收益具有影响，甚至长远来看会关系到一个行业的生死存亡。例如，2020 年我国颁布实施的第五次修订的《证券法》大力推行注册制度，使得原本以助推公司上市为主要业务的公司面临转型的风险。经济周期的波动风险是指宏观经济的运行状况对证券市场的收益水平产生影响，如宏观经济周期的波动影响相关行业和上市公司的业绩，进而影响部分证券行情变化，最后对整个资本市场的行情产生影响；利率风险是指股票市场价格波动受利率水平不确定性的影响。在资本市场上，利率的大小由资金的供求关系所决定，在每一个时点呈现不一样的均衡利率，通常当利率水平上升时，钱流向银行等金融机构，资本市场资金供给量降低，股票市场呈整体价格走低态势，当利率水平下降时，则相反。购买力风险表示的也是通胀风险。在资本市场上，货币并不具备黄金的硬通货属性，难以规避通胀风险（即贬值风险），而在股票市场上所有的投资以及收益都采用货币为计量单位，当处于通货膨胀期时，投资者可能会为规避该风险而选择具有硬通货属性的黄金，导致股市资金供给量下降，因而这种未来购买力的不确定性成为影响股票市场资金的重要因素。

实际上，证券市场上个股承担的系统性风险并不仅仅来源于宏观层面，微观特征层面同样是系统性风险产生的重要来源。一方面，尽管我国资本市场制度一再改革，但当前我国股票上市制度仍然是核准制（自2020年3月1日起，新《证券法》正式实施。其中，明确规定全面推行证券发行注册制，2023年4月10日，沪深交易所主板注册制首批企业上市，拉开了主板注册制的序幕），核准制下的最大表现就是公司的上市和退市通道不畅，这种缺乏市场化决策机制带来了我国独有的一类资源——“壳”资源，这就使得我国上市公司自身的微观企业特征因素在对宏观经济政策的影响刻画上没有真实反映，无论沪深A股还是新三板上市公司的股价都具有非常明显的同涨同跌属性（孙怡龙和凌鸿程，2019）。而且，我国股票市场起步发展较之于国外较晚，投资者结构相对不太合理，尤其是个人投资者占比较高，相较于具有丰富经验的机构投资者，个人投资者更倾向于将宏观经济政策与企业个体特征相联系，提升了微观企业层面因素在企业系统性风险承担中的贡献份额（田利辉等，2014）。同时，还考虑到我国所处的经济环境，目前来看经济并不具有非常明显的周期属性，因此宏观经济周期性对系统性风险的影响的削弱更加凸显微观因素对系统性风险的影响。由此可见，这几个因素都会使资本市场上市公司具有很强的同涨同跌性，使其微观特征因子呈现一定的风险外溢属性（戴方贤和尹力博，2017）。

研究发现，系统性风险之所以产生巨大的破坏力是由于其风险传染的本质，即在基本面保持健康的情况下，外生冲击导致公司出现经营危机且在其内部传染扩散，进而导致公司自身乃至整个经济系统发生系统性风险膨胀，给整个资本市场带来灾难（FSB/IMF/BIS，2009；IOSCO，2011）。风险传染“连带”“放大”的性质体现在：产生于宏观层面的风险原本对于一些企业没有直接影响，但是伴随着经济变量的传导机制，经过复杂的中介作用，间接影响了这些企业；源自微观层面的风险由于大量聚集，伴随着风险重要性企业或金融机构的风险放大作用，形成了可以对整个社会、宏观经济产生影响的系统性风险。因此，对影响系统性风险的因素进行溯源，找出与之相应的风险传染途径和作用机理是防范和化解系统性风险的关键所在，也是监管层、各类机构和企业关注的重点。

3.1.3 传统资产定价模型的风险测度及现实缺陷

系统性风险也称为不可分散风险，此类风险具有全局性和连带性，即便构造多样化的投资组合依然无法消除，因此，个股只有承担更高的系统性风险才能获得更高的超额收益率。如何准确地刻画系统性风险是资产定价以及宏观经济学领域的重要话题，然而传统资产定价模型的风险测度与现实世界存在明显的偏离，针对 CAPM 模型的检验表明，证券市场线的斜率过小而截距过大，此时，股票市场面临的风险与收益率之间的关系与现实相差过大（Miller and Scholes，1972；Roll，1977）。随后，相关研究对这一模型缺陷进行了补充说明，例如，Petkova and Zhang（2005）、Andersen et al.（2005）和 Zhang（2005）认为，通过个股超额收益率对市场超额收益率回归得出的 β 系数不能完全反映个股所承担的系统性风险，遗漏的风险因子使得 α 在长期内显著为正。也有文献（Porta et al.，1997；Chan et al.，2003）摒除了传统金融理论的相关观点，从行为金融理论出发大胆提出股票回报率的解释还需要考虑投资者情绪的影响，不过这在相当程度上降低了 β 因子的解释能力。

为了准确地测度单个股票的系统性风险，现有研究分别从截面、时间两个维度对 CAPM 模型进行扩展。

一种方法是在截面维度加入更多的风险因子以弥补模型解释力的不足。例如，三因子（Fama and French，1992，1993）、四因子（Jegadeesh and Titman，1993；Carhart，1997）以及五因子（Fama and French，2015）等。可是，多因子模型存在很大争议：规模因子（SMB）、价值因子（HML）、盈利能力因子（RMW）和投资风格因子（CMA）能否表示风险因素尚无定论；至于动量因子（MOM）则更多反映了投资者固有的行为偏差在资本市场上所呈现的系统性结果，很难与风险因素扯上关系（汪昌云和汪勇祥，2007）。① 因此，仅仅是截面维度的扩展并不具有很强的说服力。另一种方法是在时间维度对 CAPM 模型进行动态化处理，这也是当前资产定价领域的研究热点。Ang and Kristensen（2012）、丁志国等（2012）的研究表明，异常收益率 α、系统性风险 β 均具有显著的时变性，且将时变因素纳入模型之后，解释力大大提升。但是，仅仅在时间维度的扩展使得模型的风险来源过于单一，对于现实世界的真实风险无法进行精确刻画，作为系统性风险唯一来源的市场风险究竟源自何处、传导机制是怎样的、如何进行防范？

3.1.4 动态混合 β 测度：系统性风险的分层与传染

能否在截面、时间两个维度进行扩展从而兼顾系统性风险的多样性

---

① 一般认为，动量效应源于投资者的反应不足，反转效应源于投资者的反应过度。美国、英国等发达国家的股票市场存在显著的中期动量效应（Rouwenhorst，1998；Fama & French，2012；Asness et al.，2013），印尼、巴西、越南等发展中国家的股票市场不仅不存在动量效应，反而存在显著的反转效应（Chui et al.，2010）。可能的原因是：发达国家的法律体系更加完善，市场机制更为健全，机构投资者的比例也更高，企业的长期价值是投资者的首要关注点，优质公司的股票能够产生持续的优秀表现；发展中国家的法律体系尚不完善，个人投资者的比例更高，热衷炒作，容易盲目跟风、追涨杀跌，优质公司的股票并不受市场待见，通常表现为周期性的大起大落。

和时变性？该方向最初的探索源于 Cosemans 等(2016)提出的动态混合 β 测度，其模型的动态化以贝叶斯估计为基础，通过对市场风险 β 进行二次分层，将其归因于不同种类、更加细分的系统性风险。与 Daniel 和 Titman(1997)的观念类似，动态混合 β 测度也摒弃了共同风险因子的概念，即系统性风险的不可分散性并不是 CAPM 模型所描述的来源于整体市场的波动，也不是多因子模型所描述的来源于类型相同的风险因子，而是既来源于宏观经济类的整体变量，也来源于微观企业类的个体变量，甚至还会来源于两者之间的交互变量，以上三类基本面变量的线性组合通过市场风险的形式表现出来。邓可斌等(2018)指出，宏观经济政策是系统性风险的重要影响因素，宽松的货币政策和财政政策会对系统性风险产生显著的抑制作用，他们构造的动态混合 β 进一步融入了宏观经济政策因素。

基于以上原因，借鉴 Cosemans et al.(2016)、邓可斌等(2018)的研究思路，本书尝试对市场风险 β 进行二次分层：宏观经济风险、微观企业风险，并在此基础上构建基于宏微观的系统性风险传染指标，力求从整体上对股票背后的企业所承担的系统性风险进行归根溯源。

首先，设定贝叶斯估计的先验模型为

$$r_{i,t}-r_{f,t}=\alpha_i^*+\beta_{i,t|t-1}^*(r_{m,t}-r_{f,t})+\varepsilon_{i,t} \tag{3.1}$$

其中，$r_{i,t}$ 表示月度 t 时股票 i 的收益率；$r_{m,t}$ 表示月度 t 时的市场收益率，选取经流通市值加权的考虑现金红利再投资的综合市场收益率；$r_{f,t}$ 表示月度 t 时的无风险收益率，选取一年期的定期存款利率除以 12；加“＊”号的变量表示其对应的先验值，α_i^* 表示股票 i 的异常收益率的先验值，$\beta_{i,t|t-1}^*$ 表示基于月度 $t-1$ 时的全部信息得到的月度 t 时股票 i 的市场风险的先验值。

将市场风险 $\beta_{i,t|t-1}^*$ 进一步展开为不同种类、更加细分的系统性风险的线性组合为

$$\beta_{i,t|t-1}^*=\eta_{0i}+\gamma_{1i}X_{t-1}^{M2}+\gamma_{2i}X_{t-1}^{\text{fixedinv}}+\gamma_{3i}X_{t-1}^{\text{cycle}}+\delta_1 Z_{i,t-1}^{\text{size}}+\delta_2 Z_{i,t-1}^{\text{BM}}$$

$$
\begin{aligned}
&+\delta_3 Z_{i,t-1}^{\text{ope\_LEV}}+\delta_4 Z_{i,t-1}^{\text{fin\_LEV}}+\omega_1 X_{t-1}^{M2} Z_{i,t-1}^{\text{size}}+\omega_2 X_{t-1}^{M2} Z_{i,t-1}^{\text{BM}} \\
&+\omega_3 X_{t-1}^{M2} Z_{i,t-1}^{\text{ope\_LEV}}+\omega_4 X_{t-1}^{M2} Z_{i,t-1}^{\text{fin\_LEV}}+\xi_1 X_{t-1}^{\text{fixedinv}} Z_{i,t-1}^{\text{size}} \\
&+\xi_2 X_{t-1}^{\text{fixedinv}} Z_{i,t-1}^{\text{BM}}+\xi_3 X_{t-1}^{\text{fixedinv}} Z_{i,t-1}^{\text{ope\_LEV}}+\xi_4 X_{t-1}^{\text{fixedinv}} Z_{i,t-1}^{\text{fin\_LEV}} \\
&+\psi_1 X_{t-1}^{\text{cycle}} Z_{i,t-1}^{\text{size}}+\psi_2 X_{t-1}^{\text{cycle}} Z_{i,t-1}^{\text{BM}}+\psi_3 X_{t-1}^{\text{cycle}} Z_{i,t-1}^{\text{ope\_LEV}} \\
&+\psi_4 X_{t-1}^{\text{cycle}} Z_{i,t-1}^{\text{fin\_LEV}} \qquad (3.2)
\end{aligned}
$$

其中，X_{t-1}^{M2}表示月度 $t-1$ 时广义货币供应量的同比增长率，$X_{t-1}^{\text{fixedinv}}$表示月度 $t-1$ 时政府固定资产投资占全社会固定资产投资比重的同比增长率，X_{t-1}^{cycle}表示月度 $t-1$ 时经流通市值加权的全部企业的平均资产负债率，以上三个宏观经济因子分别刻画了货币政策、财政政策以及经济周期对系统性风险的影响①；$Z_{i,t-1}^{\text{size}}$表示月度 $t-1$ 时企业 i 的规模，选取企业总资产的自然对数，$Z_{i,t-1}^{\text{BM}}$表示月度 $t-1$ 时企业 i 的账面市值比，$Z_{i,t-1}^{\text{ope_LEV}}$表示月度 $t-1$ 时企业 i 的经营杠杆②，$Z_{i,t-1}^{\text{fin_LEV}}$表示月度 $t-1$ 时企业 i 的财务杠杆③，以上四个微观企业因子分别刻画了企业规模、企业价值、经营状况、财务状况四类重要的企业特征对系统性风险的影响④。值得注意的是，式(3.2)中包含了每个宏观经济因子分别与四个微观企业因子的交互项，以此刻画宏微观之间的风险传染对系统性风险的影响。

最终的回归方程为

---

① Cosemans et al.(2016)选取违约利差作为经济周期的代理变量，考虑到中国的经济、金融数据库中没有相关数据，借鉴邓可斌等(2018)的方法，本书选取企业的资产负债率作为经济周期的代理变量，基本逻辑是：国内企业对于债务融资特别是银行贷款的依赖性很高，在经济上行阶段，银行的贷款指标充足，企业的资产负债率较高，在经济下行阶段，银行的贷款指标匮乏，企业的资产负债率较低。与他们不同的是：我们没有将刻画经济周期的整体变量转变为个体变量，而是针对全部企业计算了经流通市值加权的平均资产负债率，因此保留了宏观经济因子的性质。

② 经营杠杆的大小一般用经营杠杆系数表示，是指息税前利润变动率与产销业务量变动率的商。

③ 财务杠杆的大小一般用财务杠杆系数表示，是指普通股每股收益变动率与息税前利润变动率的商。

④ Cosemans et al.(2016)的微观企业因子中还包含了动量因子，鉴于以下两个原因，本书删去这一因子：①动量效应主要存在于发达国家的股票市场，而发展中国家的股票市场通常表现为显著的反转效应(Chui et al.,2010)，至少针对中国的股票市场，相关研究结论并没有达成一致；②动量因子更多反映了投资者固有的行为偏差在资本市场上所呈现的系统性结果，很难与风险因素扯上关系(汪昌云和汪勇祥,2007)。

$$R_{i,t}=\alpha_i^*+(\eta_{0i}+\gamma_i X_{t-1}+\delta Z_{i,t-1}+\omega X_{t-1}^{M2}Z_{i,t-1}+\xi X_{t-1}^{\text{fixedinv}}Z_{i,t-1}+\psi X_{t-1}^{\text{cycle}}Z_{i,t-1})R_{m,t}+\varepsilon_{i,t} \quad (3.3)$$

其中,$R_{i,t}$、$R_{m,t}$分别表示月度 t 时股票 i 的超额收益率、月度 t 时市场的超额收益率;X_{t-1}、$Z_{i,t-1}$分别表示宏观经济因子序列、微观企业因子序列;γ_i、δ、ω、ξ、ψ 分别表示对应的系数向量。

其次,利用标准的马尔可夫链(Markov chain),通过 1250 次重复的贝叶斯估计(去除前 250 次的结果),得到系数向量 γ_i、δ、ω、ξ、ψ 的估计结果序列:$\{\hat{\gamma}_i^{(k)}\}$、$\{\hat{\delta}^{(k)}\}$、$\{\hat{\omega}^{(k)}\}$、$\{\hat{\xi}^{(k)}\}$、$\{\hat{\psi}^{(k)}\}$,(k)表示对应系数向量的第 k 次的估计结果。计算月度 t 时股票 i 的市场风险的估计结果$\hat{\beta}_{i,t|t-1}^{(k)}$,根据风险来源的不同,拆分为三个种类的系统性风险的估计结果为①

$$\hat{\beta}_{i,t|t-1}^{\text{macro},(k)}=\hat{\gamma}_i^{(k)}X_{t-1} \quad (3.4)$$

$$\hat{\beta}_{i,t|t-1}^{\text{micro},(k)}=\hat{\eta}_{0i}^{(k)}+\hat{\delta}^{(k)}Z_{i,t-1} \quad (3.5)$$

$$\hat{\beta}_{i,t|t-1}^{\text{contagion},(k)}=\hat{\omega}^{(k)}X_{t-1}^{M2}Z_{i,t-1}+\hat{\xi}^{(k)}X_{t-1}^{\text{fixedinv}}Z_{i,t-1}+\hat{\psi}^{(k)}X_{t-1}^{\text{cycle}}Z_{i,t-1} \quad (3.6)$$

其中,$\hat{\beta}_{i,t|t-1}^{\text{macro},(k)}$ 刻画月度 t 时股票 i 的宏观经济风险,$\hat{\beta}_{i,t|t-1}^{\text{micro},(k)}$ 刻画月度 t 时股票 i 的微观企业风险,$\hat{\beta}_{i,t|t-1}^{\text{contagion},(k)}$ 刻画月度 t 时股票 i 的宏微观之间的系统性风险传染。

再次,计算宏观经济风险、微观企业风险以及宏微观之间的系统性风险传染的先验估计值及其标准误为

$$\hat{\beta}_{i,t|t-1}^{\text{macro}*}=\frac{1}{K}\sum_{k=1}^{K}\hat{\beta}_{i,t|t-1}^{\text{macro},(k)},\hat{\sigma}_{\beta_{i,t|t-1}^{\text{macro}*}}=\sqrt{\frac{1}{K}\sum_{k=1}^{K}(\hat{\beta}_{i,t|t-1}^{\text{macro},(k)}-\hat{\beta}_{i,t|t-1}^{\text{macro}*})^2} \quad (3.7)$$

$$\hat{\beta}_{i,t|t-1}^{\text{micro}*}=\frac{1}{K}\sum_{k=1}^{K}\hat{\beta}_{i,t|t-1}^{\text{micro},(k)},\hat{\sigma}_{\beta_{i,t|t-1}^{\text{micro}*}}=\sqrt{\frac{1}{K}\sum_{k=1}^{K}(\hat{\beta}_{i,t|t-1}^{\text{micro},(k)}-\hat{\beta}_{i,t|t-1}^{\text{micro}*})^2} \quad (3.8)$$

---

① 出于不同的研究目的,Cosemans et al.(2016)、邓可斌等(2018)在市场风险的估计结果$\hat{\beta}_{i,t|t-1}^{(k)}$的基础之上,直接计算对应的先验估计值$\hat{\beta}_{i,t|t-1}^{*}$,进而得到对应的后验估计值$\hat{\beta}_{i,t|t-1}^{\#}$。他们将市场风险展开为不同种类、更加细分的系统性风险的线性组合仅仅是动态混合 β 定价模型参数估计的流程所需,通过构造动态化、混合化的单一 β 指标进行后续的定价研究。

$$\hat{\beta}^{\mathrm{contagion}*}_{i,t|t-1}=\frac{1}{K}\sum_{k=1}^{K}\hat{\beta}^{\mathrm{contagion},(k)}_{i,t|t-1},\hat{\sigma}_{\beta^{\mathrm{contagion}*}_{i,t|t-1}}=\sqrt{\frac{1}{K}\sum_{k=1}^{K}\left(\hat{\beta}^{\mathrm{contagion},(k)}_{i,t|t-1}-\hat{\beta}^{\mathrm{contagion}*}_{i,t|t-1}\right)^2} \tag{3.9}$$

其中，$\hat{\beta}^{\mathrm{macro}*}_{i,t|t-1}$、$\hat{\beta}^{\mathrm{micro}*}_{i,t|t-1}$、$\hat{\beta}^{\mathrm{contagion}*}_{i,t|t-1}$ 分别表示月度 t 时股票 i 的宏观经济风险、微观企业风险以及宏微观之间的系统性风险传染的先验估计值，$\hat{\sigma}_{\beta^{\mathrm{macro}*}_{i,t|t-1}}$、$\hat{\sigma}_{\beta^{\mathrm{micro}*}_{i,t|t-1}}$、$\hat{\sigma}_{\beta^{\mathrm{contagion}*}_{i,t|t-1}}$ 分别表示对应的标准误；K 表示标准马尔可夫链的有效长度，即贝叶斯估计的有效重复结果(本书已经将其设定为 1000)。

最后，在先验估计值的基础之上，计算宏观经济风险、微观企业风险以及宏微观之间的系统性风险传染的后验估计值及其标准误为

$$\hat{\beta}^{\mathrm{macro}\#}_{i,t}=\frac{\hat{\beta}^{\mathrm{macro}*}_{i,t|t-1}/\hat{\sigma}^2_{\beta^{\mathrm{macro}*}_{i,t|t-1}}+\hat{b}^{\mathrm{macro}}_{i,t}/\hat{s}^2_{b^{\mathrm{macro}}_{i,t}}}{1/\hat{\sigma}^2_{\beta^{\mathrm{macro}*}_{i,t|t-1}}+1/\hat{s}^2_{b^{\mathrm{macro}}_{i,t}}}=\varphi^{\mathrm{macro}}_{i,t}\hat{\beta}^{\mathrm{macro}*}_{i,t|t-1}+(1-\varphi^{\mathrm{macro}}_{i,t})\hat{b}^{\mathrm{macro}}_{i,t} \tag{3.10}$$

$$\hat{\sigma}_{\beta^{\mathrm{macro}\#}_{i,t}}=\sqrt{\frac{1}{1/\hat{\sigma}^2_{\beta^{\mathrm{macro}*}_{i,t|t-1}}+1/\hat{s}^2_{b^{\mathrm{macro}}_{i,t}}}},\varphi^{\mathrm{macro}}_{i,t}=\frac{\hat{s}^2_{b^{\mathrm{macro}}_{i,t}}}{\hat{\sigma}^2_{\beta^{\mathrm{macro}*}_{i,t|t-1}}+\hat{s}^2_{b^{\mathrm{macro}}_{i,t}}} \tag{3.11}$$

$$\hat{\beta}^{\mathrm{micro}\#}_{i,t}=\frac{\hat{\beta}^{\mathrm{micro}*}_{i,t|t-1}/\hat{\sigma}^2_{\beta^{\mathrm{micro}*}_{i,t|t-1}}+\hat{b}^{\mathrm{micro}}_{i,t}/\hat{s}^2_{b^{\mathrm{micro}}_{i,t}}}{1/\hat{\sigma}^2_{\beta^{\mathrm{micro}*}_{i,t|t-1}}+1/\hat{s}^2_{b^{\mathrm{micro}}_{i,t}}}=\varphi^{\mathrm{micro}}_{i,t}\hat{\beta}^{\mathrm{micro}*}_{i,t|t-1}+(1-\varphi^{\mathrm{micro}}_{i,t})\hat{b}^{\mathrm{micro}}_{i,t} \tag{3.12}$$

$$\hat{\sigma}_{\beta^{\mathrm{micro}\#}_{i,t}}=\sqrt{\frac{1}{1/\hat{\sigma}^2_{\beta^{\mathrm{micro}*}_{i,t|t-1}}+1/\hat{s}^2_{b^{\mathrm{micro}}_{i,t}}}},\varphi^{\mathrm{micro}}_{i,t}=\frac{\hat{s}^2_{b^{\mathrm{micro}}_{i,t}}}{\hat{\sigma}^2_{\beta^{\mathrm{micro}*}_{i,t|t-1}}+\hat{s}^2_{b^{\mathrm{micro}}_{i,t}}} \tag{3.13}$$

$$\begin{aligned}\hat{\beta}^{\mathrm{contagion}\#}_{i,t}&=\frac{\hat{\beta}^{\mathrm{contagion}*}_{i,t|t-1}/\hat{\sigma}^2_{\beta^{\mathrm{contagion}*}_{i,t|t-1}}+\hat{b}^{\mathrm{contagion}}_{i,t}/\hat{s}^2_{b^{\mathrm{contagion}}_{i,t}}}{1/\hat{\sigma}^2_{\beta^{\mathrm{contagion}*}_{i,t|t-1}}+1/\hat{s}^2_{b^{\mathrm{contagion}}_{i,t}}}\\&=\varphi^{\mathrm{contagion}}_{i,t}\hat{\beta}^{\mathrm{contagion}*}_{i,t|t-1}+(1-\varphi^{\mathrm{contagion}}_{i,t})\hat{b}^{\mathrm{contagion}}_{i,t}\end{aligned} \tag{3.14}$$

$$\hat{\sigma}_{\beta^{\mathrm{contagion}\#}_{i,t}}=\sqrt{\frac{1}{1/\hat{\sigma}^2_{\beta^{\mathrm{contagion}*}_{i,t|t-1}}+1/\hat{s}^2_{b^{\mathrm{contagion}}_{i,t}}}},\varphi^{\mathrm{contagion}}_{i,t}=\frac{\hat{s}^2_{b^{\mathrm{contagion}}_{i,t}}}{\hat{\sigma}^2_{\beta^{\mathrm{contagion}*}_{i,t|t-1}}+\hat{s}^2_{b^{\mathrm{contagion}}_{i,t}}} \tag{3.15}$$

其中，$\hat{\beta}^{\mathrm{macro}\#}_{i,t}$、$\hat{\beta}^{\mathrm{micro}\#}_{i,t}$、$\hat{\beta}^{\mathrm{contagion}\#}_{i,t}$ 分别表示月度 t 时股票 i 的宏观经济风险、微观企业风险以及宏微观之间的系统性风险传染的后验估计值；$\hat{\sigma}_{\beta^{\mathrm{macro}\#}_{i,t}}$、$\hat{\sigma}_{\beta^{\mathrm{micro}\#}_{i,t}}$、$\hat{\sigma}_{\beta^{\mathrm{contagion}\#}_{i,t}}$ 分别表示对应的标准误；$\hat{b}^{\mathrm{macro}}_{i,t}$、$\hat{b}^{\mathrm{micro}}_{i,t}$、$\hat{b}^{\mathrm{contagion}}_{i,t}$ 分别表示采

用普通最小二乘法通过滚动回归(24 个月)得到的月度 t 时股票 i 的宏观经济风险、微观企业风险以及宏微观之间的系统性风险传染的样本估计值，$\hat{s}_{b_{i,t}^{macro}}$、$\hat{s}_{b_{i,t}^{micro}}$、$\hat{s}_{b_{i,t}^{contagion}}$ 分别表示对应的标准误；$\varphi_{i,t}^{macro}$、$\varphi_{i,t}^{micro}$、$\varphi_{i,t}^{contagion}$ 分别表示月度 t 时股票 i 的宏观经济风险、微观企业风险以及宏微观之间的系统性风险传染的不同估计值的收缩权重(shrinkage weight)，若是样本估计值的精度相对于先验估计值更低(例如 $\hat{s}^2_{b_{i,t}^{macro}} > \hat{\sigma}^2_{\beta_{i,t|t-1}^{macro*}}$)，则大部分权重会赋予先验估计值。

由于贝叶斯估计会逐渐逼近真实值，我们采用宏观经济风险、微观企业风险以及宏微观之间的系统性风险传染的后验估计值衡量对应的风险，鉴于本书的研究目的，我们提取其中的系统性风险传染指标，并且采用简单算术平均的方法将其转换为年度变量：

$$\beta_{i,y}^{contagion} = \frac{1}{T}\sum_{t=1}^{T}\hat{\beta}_{i,t}^{contagion\#} \tag{3.16}$$

其中，$\beta_{i,y}^{contagion}$ 表示年度化的系统性风险传染程度。

3.2 羊群行为的行为金融学基础

3.2.1 行为金融学的缘起

行为金融学中的“行为”二字取自心理学理论中的“行为主义”，其开山鼻祖是卡尼曼和特沃斯基。2002 年，卡尼曼获得了诺贝尔经济学奖，这标志着行为金融正式被金融学这个学科所认可。行为金融学的出现和发展加剧了经济分析中两类人的对立态势：传统金融学 VS 行为金融学。传统金融学是建立在“理性人”的基础上展开经济分析，其假定人是自私和理性的，一切都以最大化私人利益为最终目的。无论是有效市场假说(Fama，1970)、投资组合理论(Markowitz，1959)、资本资产定价模型(Sharpe et al.，1964)还是期权定价模型(Black and Scholes，1973)都是传统金融学的经典理论，很长一段时间内都被理论界和实务界奉为金科玉律。然而,布莱克-斯科尔斯模型的提出者斯科尔斯合伙的长期资本管理公司在 1998 年的金融危机面前一败涂地(这导致了 1997 年诺奖得主斯科尔斯和默顿的理论也被公开批评);2008 年面临金融危机的山崩海啸,一直倡导"放任自流"的政策的美联储前主席格林斯潘曾以一句"我高估了市场的理性,低估了投资者的贪婪"悲情收场。这些无一不使人们怀疑这些不能解决现实问题的理论是否是对的?传统金融学所研究"市场应该是什么样"是否有意义?不同于传统金融学的理性人的假定,行为金融学认为人是非理性的,其对金融市场上的人的现实行为的研究从根基上对传统金融学发起了挑战。2013 年罗伯特席勒因"市场不可预测"理论获得了诺贝尔经济学奖,2017 年理查德·塞勒因"有限理性"理论获得了诺贝尔经济学奖,威廉·福布斯在其著作《行为金融》一书中指出"金融市场接受行为视角这一事实可能会改变随后利用这些模型进行经验检验的数据本身",这一系列表明行为金融学的崛起和社会各界对其对资本市场的影响的研究能够提供有效的治理方法的期许。

由于行为金融学的研究起步较晚,至今为止并没有一套系统的理论,但人的非理性行为研究和资本市场上的信息流向被公认为是其最主要的研究内容。金融市场活动是一种群体活动,集信息流动性和投资者行为于一体的羊群行为是行为金融领域里被研究的"重中之重"。有效市场理论指出,在满足零摩擦、零交易成本以及信息传递的全面性和实时性等条件下,市场对资产的定价能够反映其所有的相关信息。但是在现实操作中如何筛选信息以及如何根据信息做出正确的决策是一个持续性的过程,在这一过程当中人很容易汇集成乌合之众,即使是专业机构和天才团队都难以幸免。威廉·福布斯通过建立 FSS 模型发现金融市场上虽然汇聚了很多的信息,但投资者却只是痴迷于与价值无关的范围很小的一部分信息,而且不仅仅是个人投资者,具有专业性、丰富经验和团队智慧的机构投资者也具有非常明显的从众行为。随着我国经济发展、国民财富集聚,机构投资者的规模必然持续扩大,因而聚焦于羊群行为进行分析不仅能扩展行为金融学相关领域的研究边界，而且能为如何避免雷霆万钧的市场风险以及从哪些途径切入提供一点借鉴。

表 3-1　可能对解释金融市场群体有益的心理学现象

主要流派	有关现象	简单表述
行为主义	奇幻思维	尽管没有合乎逻辑的解释和推理，主观上仍然愿意相信特定的行为会达到自己期望的效果
	确定效应	当面临决策时，个人宁愿选择确定性较小的那个，而放弃确定性较大的那个，无论后者是否具有更高的成功概率
	预期理论	并不执着于要赢，心中早提前做好了最坏的打算
认知心理学	感觉综合症	较为自我，完全依据自己感觉判断
	后悔理论	一遍遍地试图寻找证据以论证自己之前的决策是错误的
	认知失调	当实际结果证明自己的判断不正确时，其原本的认知坐标系会呈现系统性偏差
	参照点	总是在现有的信息中寻找那些看似正确的并且以此为依据展开分析、进行判断
	析取	在获取最新的消息之前保持按兵不动的状态
	选择性暴露	在公布消息时会进行一定的调整：尽量公布对自身有利的消息
	过分自信行为	对自己能力的相信已经超出了自身统计学意义上的水平
社会心理学	自适应态度	一个人会在与他人交往的过程中，为了寻求对方的认同而不自觉地选择对方对待事物的态度和观点
	社会比较	处于社会之中会面临复杂的事情，当面对的事情超出了自己理解范围时，会参照其他大部分人的决策，即，将他们的行为作为自己的决策坐标系

3.2.2 羊群行为的内涵界定

心理学家常用“羊群行为(Herd Behavior)”形容个体的从众心理。20世纪以来,心理学在金融学领域的渗透和公众对有效市场假说(Efficient Markets Hypothesis,EMH)的追捧促使了金融市场中羊群行为的“萌芽”①。此后,伴随市场动荡,学者和相关人员对它的研究热度经久不衰。

那么何谓羊群行为?最早的解释来源于Keynes(1934)②,他认为股票市场的投资者作为一个整体时会呈现失智行为——容易受到群体的操控,当群体性情绪达到某种高度时即使产生的想法再为荒谬也会被公众所接受,此时股票市场变得较为脆弱,据此他在《就业、信息和货币通论》中提出了著名的“凯恩斯选美理论”——参与选美竞赛的评委们会想方设法获得其他评委的意见,进而根据大部分评委的选择进行修正自己认为的漂亮人选,以避免自己过于脱离整个团体。此后,Festinger(1957)从认知失衡理论(Cognitive Dissonance Theory)出发,指出羊群行为是在一种遵从“大众智慧”而达到心理平衡的驱使下作出的“认知的不一致性消减(cognitive dissonance reduction)”的行为。以上表述多是从心理学角度出发缺乏对行为的强调,而Banerjee(1992)从不完全信息理论出发,提出羊群行为是个人决策者忽略私人信息而一味模仿或追随他人的决定的定义,这个说法首次将羊群行为的重心上升到经济学层面,促进了羊群行为在行为金融领域的研究。此后,学者们从各个角度对资本市场的羊群行为进行了定义,其中Devenow and Welch(1996)认为羊群行为是指根据某种标准而自发形成的一个团体,在团体内部的所有个体在特定行动时都会表现错误且其错误呈现一种系统性。随后,Avery and Zemsky

---

① 金融学家将羊群行为引入资本市场并将其阐释为是一种投资者忽略有价值的私有信息而进行“从众”决策、以脆弱性、不稳定性和传染性为主要特征的非理性行为,与市场有效性的“理性人”假设不符,并据此认为有效市场假说并非完美(Bondt and Thaler,1985)。

② 参考凯恩斯的《就业、利息和货币通论》(1936)。

(1998)进一步明确指出了羊群行为的主体是以资本市场为边界框定下的投资者，而投资主体的行为往往与自己根据私有信息做出的决策不一致，Bikhchandani and Sharma(2001)则指出了股票市场主体的行为之所以不一致是由于其窥测到了其他市场主体的行为，且他们发现他人的行为与自己的决策相悖，而进行了盲目地跟从。那么可以看出，羊群行为的内涵已经非常明显，就是指个体基于“从众”心理从而放弃私有信息选择跟随他们决策的一种行为。

为了进一步规避“从众”表象下的“伪羊群”，Bikhchandani and Sharma(2001)、Clarke et al.(2011)、许年行等(2013)进一步指出对于市场参与者基于同质信息所做出的相同反应不能称之为羊群行为，即市场参与者基于实质性的共同消息而做出的买入或者卖出股票，以及推荐买入股票或者推荐卖出股票等行为虽然从表象上看具有羊群行为的特性，但其本质的驱动并不是基于“从众”的心理，因而应予以摒除。实际上，现有对于羊群行为存在不同的分类。

(1)从羊群行为的驱动来看，可以将羊群行为分为“真羊群行为”和“伪羊群行为”。其中，“真羊群行为”是指市场主体在市场信息效率较低的情况下基于“从众”的心理，放弃了根据自有信息分析判断得出的结果而选择跟随他人进行投资决策，呈现的是针对某些股票在短期内的大量的买入和卖出行为，而伪羊群行为虽然也呈现这样的特征，但实际上从内部驱动上存在本质的区别，伪羊群行为是根据公有的消息所做出的决策一致性，并不存在盲目模仿的问题。由于“伪羊群行为”并不是真正的羊群行为，基于理性的“伪羊群行为”不是文本研究的内容。

(2)从经济学角度的原因来看，羊群行为又可以分为基于声誉的羊群行为、基于薪酬激励的羊群行为和基于信息不对称的羊群行为。具体是，证券分析师、机构投资者因为关注其所在行业内的声誉而选择追随他人决策，进而产生羊群行为(Tureman，1994；Scharfstein and Stein，1999；Hong et al.，2000)；证券分析师、机构投资者因受制于扭曲的薪酬契约模式而相互模仿同行产生的羊群行为(Maug and Naik,1995;Vikas,et al.,2009;Boyson,2010;路磊,2014);证券分析师、机构投资者在信息不完全和不对称的情形下会模仿拥有信息优势(或拥有私有信息)的同行,进而产生羊群行为(Banerjee,1992;Wermers,1999;Hong et al.,2000;Hong,et al.,2005;许年行,2013;Ryan and Todd,2017)。

综上,尽管羊群行为没有确切的经济学定义,但其本质是个体基于"从众"心理从而在同一时间内做出同类决策的行为,本书研究采取这一定义。

3.2.3　系统性和传染性的特征

1)系统性

羊群行为呈现"系统性"。系统论的观点认为整体性和关联性是构成一个系统的重要前提,根据前述定义,羊群行为的主体之间存在相互模仿的关系,而这种模仿构成具有相互作用关系的集合,一系列的集合关系是一种整体下的内在关联。其次,羊群行为主体呈现的是一种经过社会系统加工过的行为。勒庞在其心理学著作《乌合之众》中明确指出,将个体置于群体之中作为庞大的群体中的一员时,其表现出来的是群体行为而不是个体行为。现代管理理论也明确指出,当个体处于一个组织当中,其所呈现的并不是单个人的态度和行为,而会因为迎合其所处的组织或者团体态度而发生行为的改变,即,管理团队中的个人行为往往是被社会心理所阉割过了的、是群体心理的产物因而具备群体一致性,即,系统性。此外,当群体因为某种属性而被归类到一个系统之下,个体呈现的行为全部是同向的,如系统 U 下拥有 X、Y、Z 等多个个体,当个体 X 做出行为决策方向时,个体 Y、Z 等其他个体也会做出相同方向的决策,若个体 X 做出的决策影响力为 U_x、个体 Y 做出的决策影响力为 U_y,个体 X 与个体 Y 同时做出决策影响力为 U_{xy},则 $U_{xy}>U_x+U_y$。以此类推,延伸到系统内的其他个体,每一个系统内个体的加入都会强化该决策的影响力,可见,当群体行为呈现系统性时产生的威慑力将不容小觑。

2)传染性

羊群行为呈现"传染性"。第一,"传染"的概念最早来自医学领域,具体是指病原体从有病的生物体侵入别的生物体,引用到公共领域又可通俗地理解为通过语言或行动引起他人相同的思想感情和行为,即,遭受某种病毒或者行为、心理受到影响后的个体将这一行为复制到其他个体,引起不同程度的相似行为,这个过程称为传染。第二,"模仿"是羊群行为的典型特征,该特征导致其行为并不具备理性思考的前提,当个体因为某种共同目标被置于一个整体之内并面临某种决策时,具备信息优势或有经验的"头羊"们率先做出决定,后续的决策者们基于种种原因选择忽略自己的私有信息而盲目模仿这类头羊,短期内这一决定随着资本市场信息渠道迅速扩散而被不断模仿,导致羊群行为的出现。第三,通过对"传染"和"模仿"的上述阐释,可以看出两者是一体两面的关系,即同一结果的两种不同表现。例如,机构投资者 A 做出买入股票 i 的决策,由于 A 被认为具备信息优势,且其在行业内具备一定声望,此时机构投资者 B、C、D 认为自己拥有的私人信息与真实情况存在偏差进而模仿 A,而机构投资者 E、F、G 等也出于自己的考虑选择盲目模仿 A 或者 B、C、D,这在资本市场上引起一系列的连锁反应,导致出现了 i 股票的羊群行为,在这一过程中所表现出的就是 B、C、D、E、F、G 对 A 的模仿,同时也是 A 对 B、C、D、E、F、G 的传染。

通过上述分析,羊群行为具备系统性和传染性特征。2005 年底以来,我国政府和相关机构作出了超常规发展机构投资者的战略规划,这一规划带来的是机构投资者和证券分析师的规模和行业均迅速扩大,作为资本市场上两支重要的力量,规模的迅速增大进一步加剧了中国资本市场上证券分析师、机构投资者羊群行为的系统性和传染性。

3.2.4 羊群行为的刻画及度量

羊群行为的测度方法可以分为三类:站在市场角度的测度方法、站在投资者视角的测度方法和站在融资者(个股)视角的测度方法。

1)站在市场角度的测度方法

最早由 Christie and Huang(1995)站在整个市场的角度构建了度量羊群行为这一指标的关键方法——CSSD 估计。该方法的估计逻辑是建立在资本资产定价模型的基础之上:第一,在资本资产定价模型当中,考虑到个股之间的微观特征具有较大的异质性,在正常情况下每个股票的投资收益率的分散度和整个市场的收益率之间呈现较为稳定的关系。第二,利用该关系构建市场的整体羊群行为指标,即,当每个股票的投资收益率没有非正常的大于正常分散度时的市场收益率,即,股票的投资收益率分散度与整个市场的收益率之间较为稳定的关系出现异常时,则表明市场弥漫着羊群行为,进而采用横截面的收益率的标准差来度量整体羊群行为。采用公式(3.17)进行度量。

$$\text{herd}=\sqrt{\frac{\sum_{i=1}^{n}(r_i-\bar{r})^2}{n-1}} \tag{3.17}$$

其中,r_i 表示个股 i 的收益率,$\bar{r}$ 为市场上所有个股的收益率的均值。该模型提出后被广泛地应用于实证分析,但是学者们通过实践检验发现,即使资本市场的波动非常小,但该模型仍然能捕捉到股市中的资金重新配置的现象,进而对这一模型的准确性提出了质疑。基于此,Chang et al.(2000)进行实践检验发现如果采用上述估计方法对股票市场的羊群行为存在性进行检验,那么用于度量羊群行为的收益率的标准差与市场整体收益率之间并不是绝对的线性关系,进而对 CSSD 模型进行了修正并提出了修正的 CSSD 模型。

$$\text{CSAD}=\frac{1}{N}\sum_{i=1}^{N}|R_{i,t}-R_{m,t}| \tag{3.18}$$

其中,$R_{i,t}$ 是个体 i 在时间 t 上回报率,$R_{m,t}$ 是市场 m 的整体回报率,N 是每个投资组合中包含的个体数量,修正后的 CSSD 方法是以市场为研究对象时比较常用的测度羊群行为的方法。

2)站在投资者视角的测度方法

基于投资者视角的测度方法主要是 Sias(2004)提出的序贯交易模型。该模型根据投资者相邻两期的交易行为具有协变的特点,采用跨期买卖证券的横截面相关系数进行度量并进一步将其分解为两部分,即投资者跟随自身买卖相同证券的行为和投资者跟随他人买卖相同证券的行为。以基金经理为投资者为例的具体度量逻辑如下。

首先,计算每个季度末相对于上季度末每只股票的交易情况,得出季度 t 时股票 k 的买入基金数量与交易基金数量之比为

$$\mathrm{Raw}\Delta_{k,t}=\frac{\text{funds buying}_{k,t}}{\text{funds buying}_{k,t}+\text{funds selling}_{k,t}}=\sum_{i=1}^{N_{k,t}}\frac{D_{i,k,t}}{N_{k,t}} \tag{3.19}$$

其中,$D_{i,k,t}$表示季度t时基金i是否买入股票k,买入记为 1,否则为 0;$N_{k,t}$表示季度t时股票k的交易基金数量。

为了便于比较,对季度 t 时股票 k 的买入基金数量比例进行标准化处理:

$$\Delta_{k,t}=\frac{\mathrm{Raw}\Delta_{k,t}-\overline{\mathrm{Raw}\Delta_{k,t}}}{\sigma(\mathrm{Raw}\Delta_{k,t})} \tag{3.20}$$

其中,$\overline{\mathrm{Raw}\Delta_{k,t}}$表示季度$t$时股票的买入基金数量比例的均值(季度 t 时的股票数量为 K_t);$\sigma(\mathrm{Raw}\Delta_{k,t})$表示季度 t 时股票的买入基金数量比例的标准差。

其次,令标准化的季度 t 时股票 k 的买入基金数量比例满足一阶自回归条件,利用跨期买卖证券的横截面相关系数 β_t 度量季度t 时投资者交易行为的协变性为

$$\Delta_{k,t}=\beta_t\Delta_{k,t-1}+\varepsilon_{k,t} \tag{3.21}$$

将β_t 写为 $\Delta_{k,t}$和 $\Delta_{k,t-1}$的函数,由于 $\Delta_{k,t}$是标准化的,因此相关系数 β_t 可以写成协方差的形式为

$$\beta_t=\frac{cov(\Delta_{k,t},\Delta_{k,t-1})}{\sigma^2(\Delta_{k,t-1})}=\frac{\frac{1}{K_t-1}\sum_{k=1}^{K_t}\Delta_{k,t}\Delta_{k,t-1}}{\sigma^2(\Delta_{k,t-1})}=\frac{1}{K_t-1}\sum_{k=1}^{K_t}\Delta_{k,t}\Delta_{k,t-1} \tag{3.22}$$

将方程(3.20)代入方程(3.22),得

$$\beta_t=\left[\frac{1}{(K_t-1)\sigma(\mathrm{Raw}\Delta_{k,t})\sigma(\mathrm{Raw}\Delta_{k,t-1})}\right]\sum_{k=1}^{K_t}\left[\left(\sum_{i=1}^{N_{k,t}}\frac{D_{i,k,t}-\overline{\mathrm{Raw}\Delta_{k,t}}}{N_{k,t}}\right)\left(\sum_{i=1}^{N_{k,t-1}}\frac{D_{i,k,t-1}-\overline{\mathrm{Raw}\Delta_{k,t-1}}}{N_{k,t-1}}\right)\right] \tag{3.23}$$

再其次,将 β_t 展开为两部分,第一项是投资者跟随自身买卖相同证券的行为,第二项是投资者跟随他人买卖相同证券的行为

$$\begin{aligned}\beta_t=&\left[\frac{1}{(K_t-1)\sigma(\mathrm{Raw}\Delta_{k,t})\sigma(\mathrm{Raw}\Delta_{k,t-1})}\right]\\&\sum_{k=1}^{K_t}\left[\sum_{i=1}^{N_{k,t}}\frac{(D_{i,k,t}-\overline{\mathrm{Raw}\Delta_{k,t}})(D_{i,k,t-1}-\overline{\mathrm{Raw}\Delta_{k,t-1}})}{N_{k,t}N_{k,t-1}}\right]\\&+\left[\frac{1}{(K_t-1)\sigma(\mathrm{Raw}\Delta_{k,t})\sigma(\mathrm{Raw}\Delta_{k,t-1})}\right]\\&\sum_{k=1}^{K_t}\left[\sum_{i=1}^{N_{k,t}}\sum_{j=1,j\neq i}^{N_{k,t-1}}\frac{(D_{i,k,t}-\overline{\mathrm{Raw}\Delta_{k,t}})(D_{j,k,t-1}-\overline{\mathrm{Raw}\Delta_{k,t-1}})}{N_{k,t}N_{k,t-1}}\right]\end{aligned} \tag{3.24}$$

最后,将方程(3.24)的第二项即投资者跟随他人买卖相同证券的行为拆分为表示每只基金跟随他人买卖相同证券的行为,这就是季度 t 时基金 i 的羊群行为指标(如果投资者倾向于跟随他人进行买卖,该指标为正;如果投资者选择与他人“背向而行”,该指标为负;如果投资者保持“特立独行”,即买卖行为独立于他人,则该指标为 0)①

$$\begin{aligned}\mathrm{herd}_{i,t}=&\left[\frac{1}{(K_t-1)\sigma(\mathrm{Raw}\Delta_{k,t})\sigma(\mathrm{Raw}\Delta_{k,t-1})}\right]\\&\sum_{k=1}^{K_t}\left[\sum_{j=1,j\neq i}^{N_{k,t-1}}\frac{(D_{i,k,t}-\overline{\mathrm{Raw}\Delta_{k,t}})(D_{j,k,t-1}-\overline{\mathrm{Raw}\Delta_{k,t-1}})}{N_{k,t}N_{k,t-1}}\right]\end{aligned} \tag{3.25}$$

3)站在融资者(个股)视角的测度方法

基于融资者(个股)视角的测度方法主要是 Lakonishok、Shleifer 和

① 与路磊等(2014)事先假设基金的羊群行为是有选择的不同,本书并没有假设基金经理偏好于参考业绩比自己好的基金经理的投资策略,因此本书在进一步研究中证明“基金的羊群行为是理性的”这一结论是稳健且有代表性的。

Vishny(1992)提出的 LSV 模型和后续对 LSV 模型的后续改良。LSV 模型的基本思想是用交易分散度度量羊群行为程度。其具体的度量逻辑如下。

首先,下述公式中的 $HM_{i,t}$ 是指个股 i 在 t 期被投资者羊群行为的程度,即站在个股角度的羊群行为指标度量。

$$HM_{i,t}=|P_{i,t}-E(P_{i,t})|-E|P_{i,t}-E(P_{i,t})| \tag{3.26}$$

其中,

$$P_{i,t}=\frac{B_{i,t}}{B_{i,t}+S_{i,t}} \tag{3.27}$$

即,$P_{i,t}$ 表示在 t 期时买入股票 i 的投资者占持有股票 i 的投资者的比例:$B_{i,t}$ 表示时间 t 上均执行买入操作的投资者数目,$S_{i,t}$ 表示在 t 期时卖出股票 i 的投资者的数量。$E(P_{i,t})$ 表示在 t 期时增持 i 公司所在行业的(行业数量为 m)所有上市公司股票的投资者比例均值。

$$E(P_{i,t})=\frac{\sum_{i=1}^{m}B_{i,t}}{\sum_{i=1}^{m}(B_{i,t}+S_{i,t})} \tag{3.28}$$

在计算羊群行为时加入 $E|P_{i,t}-E(P_{i,t})|$ 的调整项以规避对该指标的计算偏误,主要考虑的是:一方面,$B_{i,t}$ 是服从概率为 $P_{i,t}$ 的二项分布,因而在 t 期公司 i 不存在羊群行为的零假设条件下,$E|P_{i,t}-E(P_{i,t})|$ 可能并不等于 0,因而需要加入调整项;另一方面,为进一步准确的测度羊群行为,将投资者对股票的买卖不均衡达到一定程度才认定为其存在羊群行为。

Frey et al.(2014)认为 LSV 模型加入的调整项虽然一定程度上保证了羊群行为的估计准确性,但又可能造成对羊群行为的低估,因而 Frey et al.(2014)建立了 FHW 模型,其核心思想是采用二阶中心距代替一阶中心距作为 LSV 模型的调整项,同时经过大量的实验模型检验证明了 FHW 在估计上的无偏性。

$$HMS_{i,t}=\{[P_{i,t}-E(P_{i,t})]^2-E\ [P_{i,t}-E(P_{i,t})]^2\}\frac{n}{n-1} \tag{3.29}$$

4)证券分析师羊群行为的度量

现有文献对证券分析师羊群行为的指标测度方法可以分为两种:一是建立证券分析师羊群行为的虚拟变量指标,即,在提前界定好的时间范围内,如果证券分析师对某支股票的盈余预测值高于之前的预测或者高于其他所有证券分析师对该股股票的盈余预测平均值,则认为证券分析师存在羊群行为,并定义指标值为 1,反之,为 0(clement,2005)。二是建立连续性变量,通过分析师的大胆冒险程度来对其羊群行为进行定义,即,采用某一证券分析师对某支股票的盈余预测值与其他所有证券分析师对该股票的盈余预测值的均值的差距进行测度(Hong et al.,2000;熊维强和宋军,2006)。

本书参照 Hong et al.(2000)、熊维强和宋军(2006)等人研究,采用大胆冒险程度来定义证券分析师的羊群行为,即,某一证券分析师对某支股票的盈余预测值与其他所有证券分析师对该股票的盈余预测值的均值的差距进行测度。其具体计算公式为

$$\mathrm{herd}_{i,j,t} = |(F_{i,j,t} - ave)/ave| \tag{3.30}$$

$$\mathrm{herd\_analyst}_{i,t} = \sum_{j=1}^{n} \mathrm{herd}_{i,j,t} \tag{3.31}$$

其中,在公式(3.30)中,$F_{i,j,t}$ 为证券分析师 j 在 t 期对股票 i 的预测值,ave 为所有证券分析师在 t 期对股票 i 的盈余预测均值。$\mathrm{herd}_{i,j,t}$ 为在一定时期内的预测值与同期其他分析师预测均值的差异,$\mathrm{herd\_analyst}_{i,t}$ 为股票 i 在 t 期对应的所有证券分析师打分的加权平均值,即,证券分析师羊群行为指标。

5)机构投资者羊群行为的度量

本书研究是从个股的视角切入,因而羊群行为的测度是站在上市公司(融资者)的角度。基于此,本书参考 Lakonishok et al.(1992)、Wemers(1999)、许年行(2013)、Frey et al.(2014)以及张向丽和池国华(2018)的基础上对机构投资者的羊群行为进行度量。具体的模型及计算方式如下。

$$\text{herd\_insti}_{i,t}=E\left\{([P_{i,t}-E(P_{i,t})]^2-E\ [P_{i,t}-E(P_{i,t})]^2)\frac{n}{n-1}\right\} \tag{3.32}$$

在式(3.32)中：$\text{herd_insti}_{i,t}$表示公司 i 在 t 期被机构投资者羊群的程度，其中，t 以 6 个月为单位时间期；$P_{i,t}$表示公司 i 在时间点为 t 时被机构投资者买入的份额与被机构投资者持有总额之比；$E(P_{i,t})$表示增持 i 公司所在行业的所有上市公司股票的机构投资者比例均值；$E|P_{i,t}-E(P_{i,t})|$为$|P_{i,t}-E(P_{i,t})|$的调整项，这是由于在对股票的买入和卖出程度度量中必须达到一定的门槛，也就是说无论是机构投资者在同一时期内的买入行为的不均衡还是其卖出行为的不均衡必须达到一定的标准时，该股票才被认定为存在机构投资者的羊群行为。其该指标的计算过程如下：①根据机构投资者披露的季度重仓股持仓变动数据定义变量 Buy，若其对 i 股票持仓变动大于 0，则 Buy 赋值为 1，若其对 i 股票持仓变动小于 0，则 Buy 赋值为 0，若其对 i 股票持仓数据不变，则剔除该数据；②按照 t 和 i 计算 Buy 的平均值，得出 $P_{i,t}$；③按照 t 和行业计算 $P_{i,t}$的平均值，得出 $E(P_{i,t})$；④按照 t 和行业计算$|P_{i,t}-E(P_{i,t})|$，计算出季度的羊群行为 $\text{HM}_{i,t}$，为了与其他年度变量指标匹配，采用年度内变量取均值的方式得到变量 $\text{herding}_{i,t}$；⑤计算 $\text{herding}_{i,t}$的均值 mean 和标准差 sd，为了保持结果的稳健性，本书参考了许年行等(2013)的研究采用了$|P_{i,t}-E(P_{i,t})|$的均值减去 1.96 个标准差对 $\text{herding}_{i,t}$进行调整，从而得机构投资者羊群行为的指标 $\text{herd\_insti}_{i,t}$。

6)叠加羊群的刻画及度量

作为卖方的证券分析师通常是机构投资者所需信息的初级加工者，某种程度上来说是买方机构投资者的“服务者”，因而两者获取的信息高度同质化。蔡庆丰等(2011)通过研究证券分析师对股票评级调整和修正后的机构投资者羊群行为之间的关系时发现这两类市场参与者所呈现的羊群行为呈现为一种叠加效应，并通过如下模型对叠加羊群的存在效应进行了检验。

$$\text{herd}_{i,t}=\beta_0+\beta_1\text{revision}_{i,t}+\beta_2\text{dispersion}_{i,t}+\beta_m\text{control}_{i,t}+\varepsilon_{i,t} \tag{3.33}$$

$$\text{revision}_{i,t}=(\sum \text{revision}_{i,j,t})/J \tag{3.34}$$

$$\text{dispersion}_{i,t}=\sqrt{\frac{1}{n}\times\sum_{j=1}^{n}[\text{revision}_{i,j,t}-E(\text{revision}_{i,t})]^2} \tag{3.35}$$

在模型(3.33)中，β_1 表示证券分析师评级调整对机构投资者羊群行为带来的影响，β_1 如果大于0，表示证券分析师评级调整方向与机构投资者羊群行为具有正相关性：当证券分析师向上调整评级指标时，机构投资者羊群效应迅速增大，方向是买入；当证券分析师向下调整评级指标时，机构投资者羊群效应迅速增大，方向是卖出。其中，$\text{herd}_{i,t}$ 表示 t 期股票 i 被机构投资者羊群的程度；$\text{revision}_{i,t}$ 表示 t 期市场上所有的证券分析师对股票 i 的评级调整，具体的计量方式参照式(3.34)；$\text{dispersion}_{i,t}$ 表示证券分析师的评级调整分歧度，这是考虑到机构投资者在参考证券分析师的评级时还会考虑当期证券分析师评级调整的意见分歧程度，具体的计算参考式(3.35)。该模型设计的实证分析结果是对证券分析师的评级调整对机构投资者羊群行为影响的直接验证，并从侧面推测证券分析师在评级调整上的羊群行为是机构投资者的羊群行为的一种加剧效应，进而得出二者存在叠加羊群。因此，本书在参照蔡庆丰(2011)的基础上构建如下模型考察叠加羊群对系统性风险传染的影响。

$$\beta_{i,t}^{\text{contagion}}=\alpha_0+\alpha_1\text{herd\_analyst}_{i,t}+\alpha_2\text{herd\_insti}_{i,t}+\alpha_3\text{herd\_analyst}_{i,t}\times\text{herd\_insti}_{i,t}+\chi_1\text{control}_{i,t-1}+\chi_2\text{ind}_i+\chi_3\text{year}_t+\varepsilon_{i,t} \tag{3.36}$$

其中，$\beta_{i,t}^{\text{contagion}}$ 表示年度 t 时企业 i 的风险传染；$\text{herd\_analyst}_{i,t}$ 表示年度 t 时企业 i 的分析师羊群行为；$\text{herd\_insti}_{i,t}$ 表示年度 t 时企业 i 的机构投资者羊群行为；$\text{herd\_analyst}_{i,t}\times\text{herd\_insti}_{i,t}$ 表示年度 t 时企业 i 的证券分析师、机构投资者的叠加羊群。$\text{control}_{i,t-1}$ 表示年度 $t-1$ 时企业 i 的控制变量序列；ind_i 表示企业 i 的行业虚拟变量序列；year_t 表示年度 t

时的年度虚拟变量序列。

3.3 小结

本章内容主要介绍了系统性风险传染的定义、系统性风险传染的现有测度方法及优缺点、动态混合 β 测度方法、行为金融学的起源、羊群行为的内涵界定、羊群行为系统性和传染性的特征以及三类羊群行为的刻画方式。首先,研究了系统性风险传染的测度模型:通过文献梳理对系统性风险传染进行定义,指出传统的风险传染模型和资产定价模型在风险传染刻画、风险测度方面存在的不足,结合现实状况说明相关的缺陷;介绍动态混合 β 测度相对原有定价模型的改进思路和方法,阐述动态混合 β 测度方法在风险测度尤其是风险传染的溯源、量化等方面的优点。其次,本书对羊群行为的行为金融学基础进行了阐述。现代行为金融从"根"上对传统金融学发起了挑战,本章通过将传统金融学和现代行为金融学进行对比,进一步指出现代行为金融学区别于传统金融学的重要假设是金融市场的"人"是否理性,提出羊群行为的研究是行为金融领域的重要内容,承载着社会各界对有效治理资本市场的期许;通过文献梳理将羊群行为定义为"个体基于'从众'心理从而在同一时间内做出同类决策的行为";指出羊群行为呈现出系统性和传染性的特征,而我国机构投资者和证券分析师规模的增长可能会加剧其系统性和传染性所带来的危害。最后,从现代行为金融学的产生引出探讨羊群行为的重要意义,通过梳理现有的理论和观点对羊群行为进行内涵的界定,指出羊群行为是个体基于"从众"心理从而在同一时间内做出同类决策的行为,进一步提出羊群行为的系统性和传染性特征,之后分别从证券分析师、机构投资者以及两者之间的叠加互动三个维度探究羊群行为的刻画方式——"证券分析师羊群行为""机构投资者羊群行为"以及"证券分析师、机构投资者的叠加羊群",并考察与之对应的度量方法。

第4章

证券分析师羊群行为与系统性风险传染

本章内容主要研究证券分析师的羊群行为与系统性风险传染(选取标准的马尔可夫链,采用动态混合β测度模型基于贝叶斯估计所得)之间的关系,在此基础之上考察了社会关注度、利好谣言和利空谣言、有形信息和无形信息是否影响证券分析师羊群行为与系统性风险传染之间的关系,进而挖掘证券分析师羊群行为影响系统性风险传染的传导途径和作用机理,以及相关的应对措施。

对证券分析师羊群行为与系统性风险传染的关系进行假设推导,以及从社会关注度、利好谣言和利空谣言、有形信息和无形信息与证券分析师羊群行为之间的潜在联系,以及它们影响证券分析师羊群行为与系统性风险传染之间关系的潜在途径的假设推导。除了假设提出部分,其他部分的内容安排如下:模型与方法部分,介绍社会关注度、利好谣言和利空谣言、有形信息和无形信息指标的详细度量方法,以及控制变量的选取和相应的计量模型;样本选取与统计描述部分,详细说明本章研究内容的数据来源,并给出对应的描述性统计结果,考虑到证券分析师羊群行为可能存在着显著的时变性特征,利用转移概率矩阵考察证券分析师羊群行为的持续性;实证分析部分,采用分组排序的方法考察证券分析师羊群行为与系统性风险传染之间的关系,观察相应的趋势是否显著,并通过回归方法实证分析证券分析师羊群行为与系统性风险传染之间的关系。

4.1 假设提出

在我国证券分析师有“买”和“卖”的区分，买方分析师和卖方分析师从事业务和地位上具有较大的差别。在公募基金等机构内部为机构投资者自身提供调研和预测报告的人员，属于“买”方机构投资者的内部员工，因而称为买方分析师，其核心任务是帮助机构投资者获得更高的投资收益。而对于一般的券商机构，其主要业务是为上市公司上市牵线搭桥、一级市场承销股票以及其他金融市场中介服务，任职于此类机构的分析师就称为“卖”方分析师，这是由于其主要的工作就是通过给出各类分析报告帮助承销股票赚取佣金，而且卖方分析师出的分析报告通常是免费的，其受众是资本市场上所有的投资相关主体，较之于前者其更具广泛性。通常我们所说的证券分析师是指“卖”方分析师，因此，这也是本书研究的内容。事实上，早在 2000 年，维尔茨就通过研究证实了证券分析师关于买卖或者持有其客户投资组合中股票的建议时存在集聚效应，即，此时证券分析师呈现一种无法通过事实而只能通过参考同行的行为来加以解释的一致性意见的现象。

如前所述，证券分析师羊群行为是指其放弃使用私有信息而出于其他原因模仿或跟随他人决策时的行为(Tureman，1994)。同样，风险传染是系统性风险有着巨大破坏力的关键因素，也是“黑天鹅”现象频出的主要原因，其“传染”性质体现在：产生于宏观层面的风险原本对于一些企业没有直接影响，但是伴随着经济变量的传导机制，经过复杂的中介作用，间接影响了这些企业；源自微观层面的风险由于大量聚集，伴随着风险重要性企业或金融机构的风险放大作用，形成了可以对整个社会、宏观经济产生影响的系统性风险。

首先，羊群行为对系统性风险传染的影响可以从相关信息渠道的传染理论进行分析(Calvo and Mendoza，2000；Shi，2003；Dockner and

Siyahhan，2015）。证券分析师羊群行为有信息驱动的羊群行为和认知偏差造成的羊群行为，只有基于非信息驱动的羊群行为才是“真羊群行为”。研究发现，分析师认知偏差加剧个股崩盘风险（许年行等，2012）。这是由于在市场上存在信息的非对称性时，具有潜力的价值股也难以向融资市场传递其准确的估值信息，此时经验较少和阅历不够的证券分析师并不具有拨开迷雾发现价值的能力（Zitzewitz，2001；施先旺等，2015）。Graham（1999）发现当整个资本市场上的证券分析师拥有的私有信息含量不断增加时，市场上的羊群行为也在不断增强，表明此时信息渠道不畅通。信息渠道的不畅通会加剧原本就已经累积的消息的释放效应，而且无论好坏消息累积到一定程度必然被释放出来，这种释放效应的加大会加剧市场的动荡。长期以来，证券分析师一直被赋予了提供有用信息的任务，其通过发布对个股的分析报告在疏通信息传导渠道进而缓解资本市场信息不对称程度上具有重要的作用（Easterwood and Nutt，1999；OBrien et al.，2005）。李丽青（2012）等人发现，在证券市场中的高声誉明星分析师的预测推荐可以更明显地引起市场反应或者会使基于这些预测推荐进行交易的投资者获得更显著的风险调整后的收益。然而，一旦证券分析师未公允、客观地提供他们掌握的私有信息对某支股票作出了系统性的评价偏误，呈现非理性的羊群行为时，骤然间的信息流通渠道不畅、信息不对称会使羊群行为带来的系统性危机随着每一个羊群参与者的加入而重复增强，此时，资本市场投资人难以识别公司健康与否，甚至导致短期内大量的投资者买入或卖出，公司面临系统性危机，内部风险传染加剧，进而增大其系统性风险（Longstaff，2010）。肖斌卿等（2014）发现当投资者和上市公司之间的信息传递渠道存在障碍时，外部冲击导致风险在各公司之间进行传染的概率增大。

其次，羊群行为对系统性风险传染的影响可以从流动性渠道的传染理论进行分析（Longstaff，2010；方毅和张屹山，2007）。流动性渠道的理论认为，即使个体经济基本面情况不变，但冲击导致其流动性骤降进而带来个体乃至系统内部整体风险上升(Crossman and Merton,1988;陈新春等,2017)。而一旦面临外部压力,流动性渠道的正常运作会受影响,这一影响的恶劣后果可以用银行业来做说明,当银行面临外部冲击时会遭受挤兑的压力,单个银行的挤兑会传染至其他银行进而带来整个金融业的恐慌,此时整个银行业存款数量急剧下降甚至存款枯竭,使得本来完全具有清偿能力的健康银行也会面临破产的风险(Harris,1990;Longstaff,2010)。同样,在资本市场上,证券分析师对个股盈余预测的羊群行为,并没有改变个股内部的资产结构、偿债风险等,但其在短期内对某一支股票的评级预测会带来市场的剧烈反应。Calvo and Mendoza(2000)发现,证券分析师之所以选择羊群行为,是因为其不能或不愿支付较高的信息收集与处理成本,通常采取跟随知情分析师或其他经验分析师的选择。可见,分析师羊群行为带来的市场过度反应的背后是非理性的驱动,此时,信息在投资者之间短期内迅速扩散,使得某一支股票因为错误的评级行为被迅速地买入或卖出,流动性迅速枯竭,股票换手率的降低增加了股票的系统性风险。

最后,羊群行为对系统性风险传染的影响可以从基于信用渠道建立的网络结构的传染理论进行分析(Longstaff,2010;Kang et al.,2013;Mohammadi and Tan,2015)。该理论认为,个体风险通过信用渠道得以传染并放大,这是由于个体企业基于相互担保等的信用链条成网络关系而相互依存,一旦网络内的单个体遭受财务危机,除了影响其自身外还会殃及其信用网络内的其他个体甚至祸及整个体系,带来系统性危机。即,一旦证券分析师在某支股票上出现羊群行为,会加剧该股票的系统性风险(内部风险传染加剧导致的),因为企业与金融机构之间的信息关联是导致股市内部系统性风险累积的重要因素。学术研究表明,经济主体间的信用关联强度直接影响系统性风险的传导规模,经济主体间的信用关联越紧密,外部冲击引发的风险传导效应越显著(Allen and Gale, 2000)。而且,系统性风险与信用网络的关联性会随着联结密度的提升而呈非线性上升趋势(Richard et al., 2011)。这种风险放大机制的形成,本质上源于企业间复杂的资金互保链条,该“链式”信用结构使个股在遭遇外部冲击时,通过资产负债表的关联传导、信息交互系统的正反馈效应以及投资行为的协同共振等多重渠道,使得原本设计用于风险分担的“线、环、网”体系演变为风险扩散网络进而在短期内迅速增大系统性风险(杜权、郑炳蔚,2019;张乐才,2011)。

基于此,提出如下假设。

H1:证券分析师羊群行为加剧了个股承担的系统性风险传染。

媒体作为上市公司信息的挖掘者和传播者,是证券分析师的重要信息获取来源(Nofsinger, 2001; Barber and Odean, 2008)。Kross et al. (1990)利用《华尔街日报》中提取的消息进行研究,发现报纸等媒体对上市公司进行消息披露的频率越高,证券分析师对上市公司的盈余预测的准确度也会相应提高。这主要是由于媒体的信息编制能力和信息传播媒介的功能,频繁报道一个上市公司会使其暴露给公众的时间越长,引起公众的关注度越高,进而形成一种无形的公众监督,即,一方面增强市场信息对称度,二是对分析师形成监督,抑制其徇私的动机(Dyck et al., 2008; Joe et al., 2009;于忠泊等,2011)。例如,谭松涛等(2015)发现媒体对上市公司关注能够增强信息质量进而降低证券分析师的预测乐观度和预测偏差;刘向强等(2017)以国内主流互联网媒体对我国上市公司的新闻报道材料为依据进行了数据提取和模型分析,发现主流媒体对上市公司的关注极大地降低了其与市场投资者之间的信息不对称程度,降低了信息风险。另外,由于证券分析师隶属于券商,而券商为了提高公司的业绩和盈利可能会迫使旗下的分析师对关联基金公司发布不客观的评级。而社会关注度越高的上市公司,证券分析师慑于公众压力做出不客观评价的概率越低(Dyck, 2008;李培功和沈艺峰,2010)。

基于此,本书提出如下假设。

H1a:社会关注度越高,羊群行为与个股承担的系统性风险传染的正向关系越弱。

有股市的地方，就有谣言，谣言是资本市场上的正常现象。随着机构投资者和证券分析师规模的膨胀，中国资本市场不断完善，尽管如此中国A股市场仍然投资炒作气氛浓厚、各类题材炒作依旧(张烨等，2009)。近年来，互联网兴起带动了网络媒体成为股市谣言的重灾区，网络谣言也成为完善我国资本市场发展的老大难问题，其不仅冲击股价，而且极大地降低了股票市场信息的透明度(Thomas and Sam，2004；赵静梅等，2010)。作为具有信息优势的信息交易者，证券分析师背负着提升市场信息效率、降低资本市场信息不对称的责任，而且证券分析评级行为受信息不对称影响较大。

基于此，本书提出如下假设。

H1b：受信息不对称影响越大(如存在网络谣言的公司)，羊群行为与个股承担的系统性风险传染的正向关系越强。

现代经济理论的观点认为，信息作为一种传递观点的有用资源在整个社会经济生活中扮演越来越重要的角色。早在 20 世纪 70 年代，Fama(1970)就直接指出了信息在资本市场中的重要作用，整个社会的运作和进步离不开形形色色的信息并且依赖着信息传播的各种各样的方式，信息是否真实、信息是否有用以及信息交流是否顺畅成为作用在资本市场股价中的重要内容，而且资本市场的利益相关者们也在对不同的意见信息进行交流和反应。Zhang(2006)指出，根据信息对股价的作用形式可以将其分为基本面信息和杂乱信息；Daniel and Titman(2006)、Jiang(2010)指出股票回报率的反应能够在以下两类信息中找到答案，即有形信息和无形信息。有形信息是指与公司基本面指标相互关联的财务指标等信息，无形信息是指反映在股票回报率中的信息剔除了有形信息所剩下的部分。证券分析师和机构投资者作为资本市场上具有信息优势的竞争者，对信息类别的偏好各有侧重。Sun and Wei(2010)、蔡庆丰和杨侃(2013)等人通过研究一致认为，作为卖方的证券分析师在发布盈余预测和评级调整中更倾向于依据与公司相关的无形信息给出评价，而机构投资者更加偏好于公司基本面的有形信息。

基于此，本书提出如下假设。

H1c：无形信息含量越高，羊群行为与个股承担的系统性风险传染的正向关系越强。

4.2　模型与方法

4.2.1　调节变量

证券分析师作为一种信息媒介，是资本市场上的重要的信息收集处理和交易者，其在股票市场上传递的信息质量是投资者所高度关注的内容。近年来我国证券分析师的研报丑闻频发，资本市场上充斥着对证券分析师提供信息质量的质疑，而投资者往往由于不能及时充分获取市场上的信息而产生投资偏误，这无疑严重降低了其传递信息和发表评论、减轻资本市场上的摩擦进而使得资本市场上的定价更有效率的作用（Fang and Peress，2009）。根据现有的研究内容来看，证券分析师信息交易的过程可以从获取信息的动机、传递信息的质量和传递信息的偏好三个方面进行阐释。邱世远（2008）、伍燕然等（2012）发现分析师存在迎合行为的预测偏差是由于其为投行利益驱动、鼓励交易及维护个人声誉的利益驱动，因而证券分析师更喜欢“捕风捉影”。因此，我们引入网络谣言变量以检测证券分析师与系统性风险传染的关系。

实际上，证券分析师谋取私利的行为还与缺乏有效的监督具有一定的关系，社会上存在的规范制度是规范善与恶的强制力。实际上从公司建立、筹集资本到上市融资，无一不是在刚性的法制制度之下运行，现代公司治理理论也强调制度的建立和落地执行对公司自身以及整个资本市场的重要意义（Porta et al.，2002）。沈艺峰等（2009）、郑志刚和邓贺斐（2010）等人从制度经济学、经济和法的角度对法律制度在国家经济发展、资本市场建立完善和微观个体企业治理层面的助力作用进行了详细的理论阐述。当前我国经济发展迅速,迅猛发展的经济带来了资本市场各类主体的野蛮生长,尽管我国资本市场各项制度一直在不断完善,如果一味照搬照抄国外模式还是难以匹配我国特殊的经济模式;而正式法律制度的制定和实施存在时滞性,与之匹配的配套制度难以跟上资本的发展速度,导致正式制度在约束各类在风险边缘试探的行为上显得乏力(Dyck and Zingales,2002;李培功和沈艺峰,2010;陈冬华等,2013)。因此,作为正式法律制度的补充的非正式制度就成为约束各类"牛鬼蛇神"的重要方法,而社会关注的机制作为非正式制度中的典型表现是否具有资本市场的治理功能也引起了学术界和理论界的广泛关注(Stultz and Williamson,2003; Dycket al.,2008)。因此,此处引入社会关注度指标,考察其在证券分析师羊群行为与系统性风险传染之间的关系中具有怎样的作用。

2020年初始,著名的股票"狙击手"浑水公司做空瑞幸咖啡,随后瑞幸咖啡承认其存在虚构巨额交易额的行为,整个资本市场一片哗然,而一地鸡毛的背后又将证券分析师这个行业主体送到了舆论的审判台。实际上,对证券分析师的质疑从未停止过,如国泰君安的"宝安石墨烯矿事件"以及中信证券的"天价涪陵榨菜",使得投资者不得不对证券分析师的专业性和职业性提出质疑。而蔡庆丰和杨侃(2013)通过建立模型进行实证分析,认为我国的证券分析师确实对与公司基本面的经济状况有关的无形信息更感兴趣,而其预测报告中的信息与和公司基本面状况相关的有形信息有所偏离。因此,我们引入无形信息变量和有形信息变量检测证券分析师与系统性风险传染的关系。

综上,从证券分析师获取信息的动机、传递信息的监督和偏好信息的类型依次引入调节变量网络谣言、社会关注度、无形信息和有形信息对证券分析师与系统性风险传染的关系进行检测。

1)网络谣言(rumor)

互联网时代的开启,复制了一个繁荣的网上社会,在信息大爆炸时代

“三人成虎”的效应被无限放大,“网络法外之地”的误区加剧了网络谣言的兴起。在资产定价领域,网络谣言(无论是否辟谣)会对股价带来冲击,导致股票流动性的增加(赵静梅等,2010),同时证券分析师在投资决策中信息偏好的相关研究发现,证券分析师在评级调整和盈余预测时受到外部喧嚣的影响较大,因而证券分析师的羊群行为也是网络谣言对股票流动性的冲击的重要途径,换言之,网络谣言是证券分析师羊群行为的信息渠道(Dow and Werlang,1992;Mukerji and Tallon,2001;赵静梅等,2010)。因此,引入网络谣言变量,考察其在证券分析师羊群行为与风险传染之间关系中扮演的角色。该指标的具体说明如下。

(1)根据公司名称或股票代码在百度搜索引擎、万得资讯金融终端进行检索,按照利好或利空谣言进行分类,并设置虚拟变量 $rumor\_be_{i,t}$、$rumor\_dr_{i,t}$,若 i 股票在 t 期存在利好谣言,则 $rumor\_be_{i,t}$ 赋值为 1,若不存在则赋值为 0,$rumor\_dr_{i,t}$ 赋值同理。网络谣言的具体的识别标准为上市公司是否对谣言进行澄清,这是由于谣言是没有任何事实依据的谣传,因此上市公司不予澄清的谣言不属于网络谣言。

(2)网络谣言的界定根据上市公司披露的澄清公告的具体内容而定。其具体的步骤是首先根据从 Wind 数据库中筛选出带有“澄清”字眼的上市公司临时公告,然后视具体原因看是否应将其列为网络谣言样本。此外,上市公司的澄清公告基本分为三类:第一类,对谣言给予全面否认,即“传闻不属实”;第二类,对谣言给予部分承认,即“传闻部分属实”;第三类,“传闻属实”。考虑到“传闻部分属实”是存在谣言的事实,因而剔除第三类,保留第一、二类样本。

(3)网络谣言指标涉及传谣和辟谣两个事件点,样本数据统计发现对上市公司而言传谣和辟谣的间隔时间较短,例如,中国××(×A:00000×)在 2013 年 11 月 26 日披露的临时报告中对网络传闻进行了澄清,其中明确指出“2013 年 11 月 21 日……”,可见传谣和辟谣的时间期很短,样本数据绝大部分传谣和辟谣处于一个时间期内,对于传谣和辟谣跨期的样本，考虑自从谣言出现开始已经产生了信息传递的效果，因而将两期均视作存在网络谣言。

2)社会关注度(Social_attention)

随着互联网以及由互联网衍生的大数据等新兴行业的发张，证券相关从业者已将搜索引擎作为互联网的主要信息渠道，2018 年 CNNIC 调查报告显示，中国搜索引擎网民数量已经达到 6.81 亿人，而百度在中国的用户占有率为 70.3%。因而，采用百度指数①来度量社会关注度，具体是采用百度中对某一支股票名称和代码为关键词的搜索量的加权和，指标如式(4.1)。

$$social\_attention_{i,t} = \ln(nameIndex_{i,t} + numberIndex_{i,t}) \quad (4.1)$$

其中，$nameIndex_{i,t}$代表股票 i 在 t 期的以股票名称为关键词的百度指数，$numberIndex_{i,t}$代表股票 i 在 t 期以股票名称为关键词的百度指数，$social_attention_{i,t}$为社会关注度变量。

3)有形信息、无形信息(tangible、intangible)

Daniel and Titman(2006)、Jiang(2010)认为，股票回报率的反应能够在以下两类信息中找到答案，即有形信息和无形信息，有形信息是指与公司基本面指标相互关联的财务指标等信息，无形信息是指反映在股票回报率中的信息剔除了有形信息所剩下的部分。有形信息和无形信息是证券分析师做出判断的重要信息渠道，因而引入该变量进行分析。该变量的测度指标计算步骤如下。

首先，利用市场回报率对企业个股回报率进行拟合，所采用的时间频率为周，市场回报率和行业回报率代表的是宏观经济和整个行业的影响，因而利用这两个回报率进行拟合代表的是宏观层面和行业层面对个股收益率的影响部分，减掉拟合部分的剩余残差则表示的是个股微观层面对其收益率的影响部分。参照 Scholes and Williams(1977)、Dimson(1979)

① 百度指数采用百度资讯指数，资讯指数是指以百度智能分发和推荐内容数据为基础，将网民的阅读、评论、转发、点赞、不喜欢等行为的数量加权求和、指数化处理后得出，用“主动搜索+内容关注”来表达和诠释网民对某一话题的关注程度。

的研究方法，在具体的拟合过程中，拟合方程的右侧，即市场回报率和行业回报率的一侧分别引入这两个指标的超前和滞后一期数据来规避同一时期上述三个比率之间的相关性，即

$$r_{i,v}=b_i+b_{1,i}R_{m,v-2}+b_{2,i}R_{m,v-1}+b_{3,i}R_{m,v}+b_{4,i}R_{m,v+1}+b_{5,i}R_{m,v+2}$$
$$+b_{6,i}R_{ind,v-2}+b_{7,i}R_{ind,v-1}+b_{8,i}R_{ind,v}+b_{9,i}R_{ind,v+1}$$
$$+b_{10,i}R_{ind,v+2}+\varepsilon_{i,v} \tag{4.2}$$

其中，方程左侧 $r_{i,v}$ 代表个股 i 在时间期为 v 时的回报率；方程右侧 $R_{m,v}$ 代表时间期为 v 时的整体市场回报率，其具体采用的是考虑现金红利再投资后且经过流动市场加权后的值；方程右侧 $R_{ind,v}$ 代表时间期为 v 时个股 i 所属行业的行业回报率。

其次，参照 Kim et al.(2016)的估计方法并进行如下调整：将个股微观层面对其收益率的影响部分取对数，并将周回报率加权为季回报率；此时，得到与基本面相关的有形收益和与基本面无关的噪音收益的综合值为

$$\eta_{i,v}=\ln(1+\varepsilon_{i,v}) \tag{4.3}$$

$$\eta_{i,q}=\prod_{v=1}^{n(i,q)}(1+\eta_{i,v})-1 \tag{4.4}$$

式(4.4)中，$n(i,q)$代表的是时间期为 q 时个股 i 的交易周之和。

再次，利用回归拟合的方式构建如下方程①，在方程式(4.5)中，右侧的拟合部分解释为“有形收益”，右侧的残差部分解释为“无形收益”。

$$\eta_i(q-\tau,q)=\alpha_0+\alpha_{B1}\eta_i^B(q-\tau-1,q-1)+\alpha_{S1}\eta_i^S(q-\tau-1,q-1)$$

---

① 为了保证构建的指标具有代表性，Daniel & Titman(2006)尝试在原有的回归方程中加入上市公司的销售收入、现金流量、净利润的增长率和每股的销售收入、现金流量、净利润与股票价格的比值，新指标的各项统计特征与原有指标相比差别较小；蔡庆丰和杨侃(2013)认为，针对我国 A 股市场的特点，需要在原有的回归方程中加入上市公司销售收入的增长率和每股的销售收入与股票价格的比值以保证其余财务数据的加入不会对“有形收益”和“无形收益”的计算结果产生较大影响。本书进行如下处理：①考虑到有形收益和无形收益包含的因素较多，将以上变量全部引入回归方程以保证指标的稳健性；②考虑到信息与收益不一定存在一一对应的关系，即信息可能超前或滞后于股价，引入以上基本面变量的一阶滞后项和一阶超前项；③令 $t=4$，不仅避免了信息与收益的“点对点”回归，而且将时间跨度扩展为年度，与股价崩盘风险的数据频率相吻合；④令 $q=4,8,12,\cdots$ 从而将“有形收益”“无形收益”转化为年度数据。

$$
\begin{aligned}
&+\alpha_{C1}\eta_i^C(q-\tau-1,q-1)+\alpha_{E1}V_i^E(q-\tau-1,q-1)\\
&+\alpha_{B2}\eta_i^B(q-\tau,q)+\alpha_{S2}\eta_i^S(q-\tau,q)\\
&+\alpha_{C2}\eta_i^C(q-\tau,q)+\alpha_{E2}\eta_i^E(q-\tau,q)\\
&+\alpha_{B3}\eta_i^B(q-\tau+1,q+1)+\alpha_{S3}\eta_i^S(q-\tau+1,q+1)\\
&+\alpha_{C3}\eta_i^C(q-\tau+1,q+1)+\alpha_{E3}\eta_i^E(q-\tau+1,q+1)\\
&+\alpha_{BM1}bm_{i,q-\tau-1}+\alpha_{SP1}sp_{i,q-\tau-1}+\alpha_{CP1}cp_{i,q-\tau-1}\\
&+\alpha_{EP1}ep_{i,q-\tau-1}+\alpha_{BM2}bm_{i,q-\tau}+\alpha_{SP2}sp_{i,q-\tau}\\
&+\alpha_{CP2}cp_{i,q-\tau}+\alpha_{EP2}ep_{i,q-\tau}+\alpha_{BM3}bm_{i,q-\tau+1}\\
&+\alpha_{SP3}sp_{i,q-\tau+1}+\alpha_{CP3}cp_{i,q-\tau+1}+\alpha_{EP3}ep_{i,q-\tau+1}+\mu_{i,q}
\end{aligned}
\tag{4.5}
$$

在式(4.5)中，方程右侧 $\eta_i(q-\tau,q)$所代表的是时间频率为季时，时间期从 $q-\tau$ 到q 的个股i 的回报率；$\eta_i{}^B(q-\tau,q)$所代表的是时间频率为季时，时间期从 $q-\tau$ 到q 的个股i 的账面权益价值增长率；$\eta_i{}^S(q-\tau,q)$所代表的是时间频率为季时，时间期从 $q-\tau$ 到q 的个股i 的销售收入增长率；$\eta_i{}^C(q-\tau,q)$所代表的是时间频率为季时，时间期从 $q-\tau$ 到q 的个股i 的现金流量增长率；$\eta_i{}^E(q-\tau,q)$所代表的是时间频率为季时，时间期从 $q-\tau$ 到q 的个股i 的净利润增长率；$bm_{i,q-\tau}$所代表的是时间频率为季时，时间期 $q-\tau$ 上个股i 的账面市值比；$sp_{i,q-\tau}$所代表的是时间频率为季时，时间期 $q-\tau$ 上个股i 的每股销售收入与股票价格的比值；$cp_{i,q-\tau}$所代表的是时间频率为季时，时间期 $q-\tau$ 上个股i 的每股现金流量与股票价格的比值；$ep_{i,q-\tau}$所代表的是时间频率为季时，时间期 $q-\tau$ 上个股i 的每股净利润与股票价格的比值。

最后，考虑到正面消息应该具有正的回报率、负面消息应该具有负的回报率这一基本逻辑(Daniel and Titman，2006)，因此在上述计量过程中，代表有形收益的指标与代表无形收益的指标带来的消息反应程度难以度量。为解决这一问题，本书对上述两个指标各自取其绝对值，这样就剔除其“好”和“坏”的属性而仅仅保留其度量的程度。①

$$\text{tangible}_{i,t} = |\text{info1}_{i,t}| \tag{4.6}$$

$$\text{intangible}_{i,t} = |\text{info2}_{i,t}| \tag{4.7}$$

此时，式(4.6)(4.7)中，$\text{info1}_{i,t}$、$\text{info2}_{i,t}$ 分别代表时间频率为年时，时间期 t 上个股 i 对应的“有形收益”和“无形收益”指标；$\text{tangible}_{i,t}$、$\text{intangible}_{i,t}$ 分别代表时间频率为年时，时间期 t 上个股 i 对应的“有形信息”和“无形信息”指标。

4.2.2　控制变量

为了剔除其他因素的干扰，借鉴已有文献(江轩宇，2016)，本书加入以下控制变量：公司规模(size)、机构持股比例(ISR)、产权性质(SOE)、财务杠杆(LEV)、股权集中度(concen_equity)、两职合一(dual)、内部董事占比(inner_director)、CEO 任职年限(tenure)、投资者异质性(turnover)成长性(MB)和盈利能力(ROA)。具体变量定义如表 4-1 所示。

表 4-1　变量定义与度量

变量名称	符号	度量方法
系统性风险传染	$\beta^{\text{contagion}}$	具体计算方法参见公式(3.1)、(3.2)、(3.3)、(3.4)、(3.5)、(3.6)、(3.7)、(3.8)、(3.9)、(3.14)、(3.15)、(3.16)
证券分析师羊群行为	herd_analyst	具体计算方法参见公式(3.30)、(3.31)
利好谣言	rumor_be	股票在当期存在利好谣言，赋值为 1，否则为 0
利空谣言	rumor_dr	股票在当期存在利空谣言，赋值为 1，否则为 0

① 与蔡庆丰和杨侃(2013)直接将“有形收益”“无形收益”与“有形信息”“无形信息”等价的做法不同，本书的“有形信息”和“无形信息”没有“好”“坏”之分，仅仅保留了“含量”的概念，这是由本书的研究目的所决定的。

（续表）

变量名称	符号	度量方法
社会关注度	social_attention	具体计算方法参见公式(4.3)
有形信息	tangible	具体计算方法参见公式(4.2)、(4.3)、(4.4)、(4.5)、(4.6)
无形信息	intangible	具体计算方法参见公式(4.2)、(4.3)、(4.4)、(4.5)、(4.7)
公司规模	size	对公司总资产取自然对数
机构持股比例	ISR	公司股份中被机构投资者持有的份额
产权性质	SOE	虚拟变量，若公司实际控制人为国有则为 1，反之为 0
财务杠杆	LEV	总负债与总资产之比
股权集中度	concen_equity	公司第一大股东持股比例
两职合一	dual	董事长与总经理是否两职合一，若是取值为 1，反之为 0
内部董事占比	inner_director	公司内部董事人数与公司董事人数之比
CEO 任职年限	tenure	以 CEO 的任职天数除以 360 天折算
投资者异质性	turnover	股票在当期的平均换手率
成长性	MB	市值账面比，公司市值与股东账面价值之比
盈利能力	ROA	本年度的净利润与上年度的总资产之比
行业分类	industry	行业虚拟变量
年度分类	year	年度虚拟变量

4.2.3 计量模型

借鉴 Pakes and Griliches(1984)、Griliches(1998)、Hu and Jefferson (2009)的研究方法，结合证券分析师羊群行为与个股承担的系统性风险传染的内在联系，构建如下计量模型。

(1)利用回归方程(4.8)研究证券分析师羊群行为与系统性风险传染

的关系：

$$\beta_{i,t}^{\text{contagion}}=\alpha_0+\alpha_1\text{herd\_analyst}_{i,t}+\chi_1\text{control}_{i,t-1}+\chi_2\text{ind}_i+\chi_3\text{year}_t+\varepsilon_{i,t} \tag{4.8}$$

其中，$\beta_{i,t}^{\text{contagion}}$表示年度 t 时企业 i 的风险传染；$\text{control}_{i,t-1}$表示年度 $t-1$时企业 i 的控制变量序列；ind_i 表示企业 i 的行业虚拟变量序列①；year_t 表示年度 t 时的年度虚拟变量序列。

(2)利用回归方程(4.9)研究社会关注度是否影响证券分析师羊群行为与风险传染的关系：

$$\beta_{i,t}^{\text{contagion}}=\alpha_0+\alpha_1\text{herd\_analyst}_{i,t}+\alpha_2\text{social\_attention}_{i,t}+\alpha_3\text{herd\_analyst}_{i,t}\times\text{social\_attention}_{i,t}+\chi_1\text{control}_{i,t-1}+\chi_2\text{ind}_i+\chi_3\text{year}_t+\varepsilon_{i,t} \tag{4.9}$$

其中，$\text{social_attention}_{i,t}$表示年度 t 时企业 i 的社会关注度，$\text{herd_analyst}_{i,t}\times\text{social_attention}_{i,t}$表示年度 t 时企业 i 的证券分析师羊群行为与企业面临的社会关注度的交互项。

(3)利用回归方程(4.10)研究网络谣言是否影响证券分析师羊群行为与风险传染的关系：

$$\beta_{i,t}^{\text{contagion}}=\alpha_0+\alpha_1\text{herd\_analyst}_{i,t}+\alpha_2\text{rumor}_{i,t}+\alpha_3\text{herd\_analyst}_{i,t}\times\text{rumor}_{i,t}+\chi_1\text{control}_{i,t-1}+\chi_2\text{ind}_i+\chi_3\text{year}_t+\varepsilon_{i,t} \tag{4.10}$$

其中，$\text{rumor}_{i,t}$表示网络谣言变量，具体代表利好谣言($\text{rumor_be}_{i,t}$)和利空谣言($\text{rumor_dr}_{i,t}$)，其中 $\text{rumor_be}_{i,t}$表示年度 t 时企业 i 是否存在利好谣言，$\text{rumor_dr}_{i,t}$表示年度 t 时企业 i 是否存在利空谣言，$\text{herd_analyst}_{i,t}\times\text{rumor_be}_{i,t}$表示年度 t 时企业 i 的证券分析师羊群行为与企

① 中国各个行业的发展水平差异较大、发展潜力参差不齐，本书采用中国证监会公布的《上市公司行业分类指引》(2012 年修订)中的二级行业分类。

业利好谣言的交互项，$herd\_analyst_{i,t} \times rumor\_dr_{i,t}$ 表示年度 t 时企业 i 的证券分析师羊群行为与企业的利空谣言的交互项。

(4)利用回归方程(4.11)研究有形信息和无形信息是否影响分析师羊群行为与风险传染的关系：

$$\begin{aligned}\beta_{i,t}^{contagion} = & \alpha_0 + \alpha_1 herd\_analyst_{i,t} + \alpha_2 tangible_{i,t}(intangible_{i,t}) \\ & + \alpha_3 herd\_analyst_{i,t} \times tangible_{i,t}(intangible_{i,t}) \\ & + \chi_1 control_{i,t-1} + \chi_2 ind_i \\ & + \chi_3 year_t + \varepsilon_{i,t} \end{aligned} \tag{4.11}$$

其中，$tangible_{i,t}$ 表示年度 t 时企业 i 的有形信息含量指标，$intangible_{i,t}$ 表示年度 t 时企业 i 的无形信息含量指标，$tangible_{i,t} \times herd\_analyst_{i,t}$ 表示年度 t 时企业 i 的证券分析师羊群行为与企业的有形信息含量的交互项，$intangible_{i,t} \times herd\_analyst_{i,t}$ 表示年度 t 时企业 i 的证券分析师羊群行为与企业的无形信息含量的交互项。

4.3 样本选取与统计描述

4.3.1 数据来源

由于历史原因导致的股权分置是影响我国资本市场发展的“老大难”问题，因而国家在 2005 年开始全面推进股权分置的问题改革，到现在为止股权分置改革已经实行完毕，但不可否认其作为一项政策制度深刻地影响了企业内外部治理环境、竞争机制和运营业绩等的方方面面(陈胜蓝和卢锐，2012；陈信元和黄俊，2016)。而在本书的研究中要考虑这一问题对本书研究过程和结论带来的影响：①股权分置改革是由外部非市场机制作用的一种行政干预，突发性的政策影响会在短期造成股市崩盘风险的上升(袁鲲等，2014)；②股权分置改革在某种程度上使现金股利波动性加大，股利的信号传递效用会改变投资者的行为偏好(陈名芹等，2017)。从股改推行开始到 2006 年末截止，我国 A 股上市公司已经基本完成了股权分置改革的任务。此外，宏观经济的走势，社会、政治环境的变动，财政、金融政策的变化以及上市公司的业绩和经营行为都会影响股票市场的预期和涨落，形成“牛”“熊”周期（DeLong，1992；Siegel，1998）。市场参与者在“牛市”阶段和“熊市”阶段的行为具有差异性，例如何兴强和李涛（2007）从反应过度、反应不足的角度论证了不同市场态势下收益率波动的非对称特点；肖峻（2013）指出，“牛市”期间投资者热衷于追逐公司业绩而“熊市”期间投资者倾向于忽视公司业绩。

鉴于此，本书将样本区间设定为 2007 年初至 2017 年末，截至 2006 年末，沪深两市基本完成股改，仅有几只没有完成，而且包含了较为完整的牛熊周期。本书将样本的个体范围设定为中国股票市场上的所有企业，并对初始数据进行如下处理：①剔除不满足连续 24 个交易月度的样本，这是由于在计算系统风险传染指标过程中需要采用普通最小二乘法通过滚动回归 24 个月得到样本估计值的标准误进而计算后验估计值的收缩权重；②剔除金融类上市企业，这是由于金融类上市公司实际经营业务与财务指标口径与非金融类企业存在较为明显的不一致；③剔除 ST、* ST、PT 类上市企业，这是由于该类企业存在经营业务异常，干扰项较多；④剔除截至 2006 年末仍然没有完成股权分置改革的上市公司；⑤剔除企业 IPO 后一个季度的时间，这是由于在中国股市，IPO 公司通常面临价格泡沫、业绩变脸、股价与其真实业绩脱离等问题，而现有文献试图从政府管制、投资者理性以及第三方媒体等视角对这一问题的成因进行阐述，得出的结论纷繁复杂，难以定论，因而为了控制研究样本的纯净，特对 IPO 后一个季度的交易样本予以剔除；⑥剔除同一时期内给出的证券分析师预测少于 5 份的样本；⑦剔除数据缺失的样本。

本部分研究所需要的数据中，社会关注度（social_attention）指标来源于百度搜索引擎的百度指数，通过 Python3.7 爬取后处理所得（由于百度指数数据实际年份到 2011 年，因此采取数据平滑方式得到前期年份数据）；网络谣言（rumor）指标来自 Wind 数据库中临时公告（首先，获取上市公司临时公告的PDF文件，其次筛选出其中带有“澄清”字眼的上市公司临时公告，通过识别“传闻”“有关媒体报道”“上述传闻无事实依据”“有关报道不属实”“相关内容为不实报道”“基本属实”等关键语句批量处理并获取网络谣言信息，对于采集不到相关关键语句的文件进行手工处理补充)，并根据其具体的内容判断是利好谣言还是利空谣言；其余所有变量以及各变量计算过程中所涉及的公司治理数据、公司财务数据、机构投资者持仓数据等都获取自国泰安数据库和万德数据终端数据库。同时，在数据处理过程中为了使数据更为精准地测度对应指标，对所有涉及的连续型变量进行了剔除异常值影响的缩尾处理。为了控制潜在的组内自相关问题，借鉴Petersen(2009)的方法，在所有回归方程中均进行聚类稳健标准误cluster处理。

4.3.2 描述性统计

1)主要变量的描述性统计

表4-2列示了相关变量的描述性统计。可以发现：①通过股票价格反映的个股承担的系统性风险传染指标($\beta^{contagion}$)的均值为0.468，最小值为0.209，最大值为0.950，表明系统性风险传染是企业承担的系统性风险的重要组成部分，标准差为1.613，表明该样本数据具有较好的离散度；②证券分析师羊群行为指标包括基于每股收益(EPS)预测的羊群行为指标(herd_analyst1)和基于市盈率(PE)预测的羊群行为指标(herd_analyst2)。③调节变量。社会关注度(social_attention)的均值为5.736，最小值和最大值分别为4.558和9.059，说明我国上市公司整体受关注的程度较高，且呈现一定的差异性；利好谣言(rumor_be)的均值为0.074，表明我国上市公司受利好谣影响的样本已经超过1000个，而受利空谣言(rumor_dr)影响的样本仅有约400个，说明谣言更加倾向于利好谣言；有形信息含量(tangible)的均值远远小于无形信息含量(intangible)，这表明在我国股票市场上无形信息含量较多，市场上的投资炒作气氛较为浓

烈，而有形信息含量的标准差也小于无形信息含量，这表明无形信息含量没有规律可循，侧面表明其潜在的市场风险性；④其他控制变量。公司规模（size）变量的均值为 21.937，最小值为 20.701，最大值为 28.319，表明选取的上市公司样本规模分布均匀；产权性质（SOE）的均值为 0.518，最小值和最大值分别为 0 和 1，表明上市公司样本中国有企业和非国有企业比例是相当的；财务杠杆指标（LEV）的均值为 0.527，最小值和最大值分别为 0.056 和 0.960，可见我国上市公司样本中负债率的跨度较大，同时该指标的标准差为 0.189，表明该指标分布具有差异性；此外，股权集中度指标（concen_equity）、两职合一指标（dual）、内部董事占比指标（inner_director）和 CEO 任职年限指标（tenure）等控制变量均分布均匀且具有良好的差异性，此处不再赘述。

表 4-2　描述性统计

变量	样本量	均值	标准差	最小值	最大值
$\beta^{contagion}$	14 022	0.468	1.613	0.209	0.950
herd_analyst1	14 022	0.312	1.472	0.000	130.8
herd_analyst2	14 022	0.349	2.435	0.014	291.357
rumor_be	14 022	0.074	0.262	0.000	1.000
rumor_dr	14 022	0.027	0.162	0.000	1.000
social_attention	14 022	5.736	0.846	4.558	9.059
tangible	14 022	0.029	0.008	0.004	0.067
intangible	14 022	0.060	0.057	0.007	0.159
size	14 022	21.937	1.160	20.701	28.319
SOE	14 022	0.518	0.406	0.000	1.000
ISR	14 022	0.127	0.238	0.000	0.472
LEV	14 022	0.527	0.189	0.056	0.960
Pay	14 022	14.513	0.696	10.301	17.406
concen_equity	14 022	0.865	0.813	0.000	8.063

（续表）

变量	样本量	均值	标准差	最小值	最大值
dual	14 022	1.238	0.426	1.000	2.000
inner_director	14 022	0.630	0.054	0.200	0.909
tenure	14 022	4.111	3.244	0.003	24.920
turnover	14 022	3.151	1.992	1.694	4.129
MB	14 022	0.073	0.055	0.037	0.099
ROA	14 022	0.028	0.064	−0.270	0.191

2)证券分析师羊群行为指标的分组统计

在表 4－2 对整体变量的描述性统计中可以看出，证券分析师羊群行为(herd_analyst1 和 herd_analyst2)的均值分别为 0.312 和 0.349、标准差分别为 1.472 和 2.435，指标 herd_analyst2 相较于 herd_analyst1 具有更大的分散度，这可以通过其各自的最小值(0 和 0.014)和最大值(130.8 和 291.357)可以看出，表明该指标可能存在极端值。为了进一步分析证券分析师羊群行为指标，将 herd_analyst1 和 herd_analyst2 分别按照各年度进行统计描述，见表 4－3 证券分析师羊群行为年度分组描述性统计。

表 4－3　证券分析师羊群行为年度分组描述性统计表

年份	变量	均值	标准差	最小值	最大值
2007 年	herd_analyst1	0.109	0.198	0	3.835
	herd_analyst2	0.137	0.172	0	2.551
2008 年	herd_analyst1	0.378	3.869	0	13.800
	herd_analyst2	0.275	0.266	0	3.325
2009 年	herd_analyst1	0.358	1.175	0	25.845
	herd_analyst2	0.421	2.426	0	85.528
2010 年	herd_analyst1	0.247	0.295	0	7.345
	herd_analyst2	0.364	3.133	0	134.108

（续表）

年份	变量	均值	标准差	最小值	最大值
2011年	herd_analyst1	0.278	1.723	0	76.408
	herd_analyst2	0.254	0.627	0	18.226
2012年	herd_analyst1	0.281	0.276	0	6.454
	herd_analyst2	0.302	2.175	0	101.438
2013年	herd_analyst1	0.319	0.339	0	10.167
	herd_analyst2	0.298	0.408	0	10.516
2014年	herd_analyst1	0.331	0.981	0	30.833
	herd_analyst2	0.373	0.766	0	27.096
2015年	herd_analyst1	0.420	1.959	0	65.500
	herd_analyst2	0.664	6.328	0	291.356
2016年	herd_analyst1	0.377	0.983	0	30.440
	herd_analyst2	0.430	1.771	0	70.825
2017年	herd_analyst1	0.325	2.189	0	118.753
	herd_analyst2	0.285	0.750	0	33.622

通过观察可以看出无论是 herd_analyst1 还是 herd_analyst2 都在2008年前后达到峰值，可见2008年金融危机是证券分析师羊群行为的高峰期，即证券分析师羊群行为受宏观环境影响较大，但具体来看指标 herd_analyst2 在2009年后证券分析师仍然维持了一个较高的羊群行为，主要是由于在2009年该指标受极端值(其最大值为85.528，最小值为0，均值只有0.421)影响较大。在经历了2008年金融危机后，证券分析师羊群行为从2011年开始继续持续走高，herd_analyst1 和 herd_analyst2 在2015年和2016年再度达到高峰(最大值分别为0.420和0.664)，这在时间上与2016年的“股灾”再度重合，进一步表明了宏观市场环境影响证券分析师行为。但还是可以看出该指标受到了极端值的影响，例如2010年指标 herd_analyst2 的最小值为0，均值和标准差分别为0.364和3.133，但是最大值为134.108，2015年指标 herd_analyst2 的最小值为0，均值和

标准差分别为 0.664 和 6.328,但是最大值竟然达到了 291.356,因而可见该指标受到极端值的影响较大。对证券分析师羊群行为指标进行了剔除极端值处理,并将处理后和处理前的该指标进行对比,具体如图 4-1 和图 4-2 所示。对比发现,调整后的证券分析师羊群行为指标较调整前更为平滑,herd_analyst1 和 herd_analyst2 的相似程度更高。同时在图中可以更加清晰地看出,证券分析师的羊群行为在 2008 年和 2016 年有一个明显的峰值,与上述表格内容相呼应。

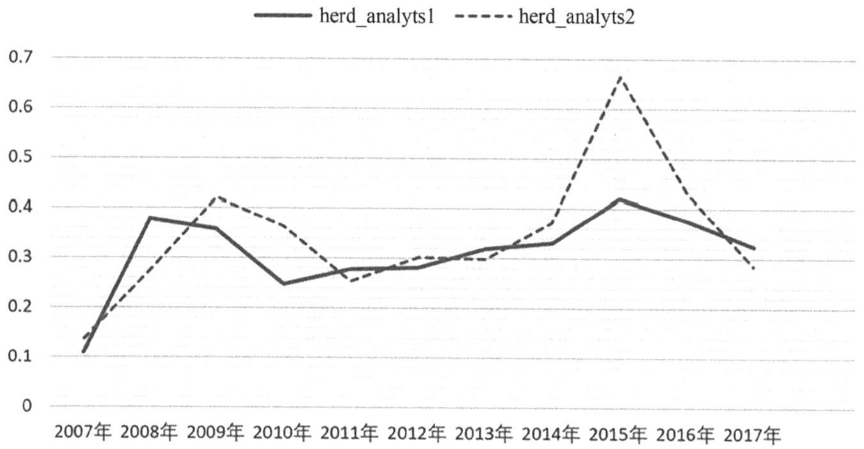

图 4-1　证券分析师羊群行为年度趋势图

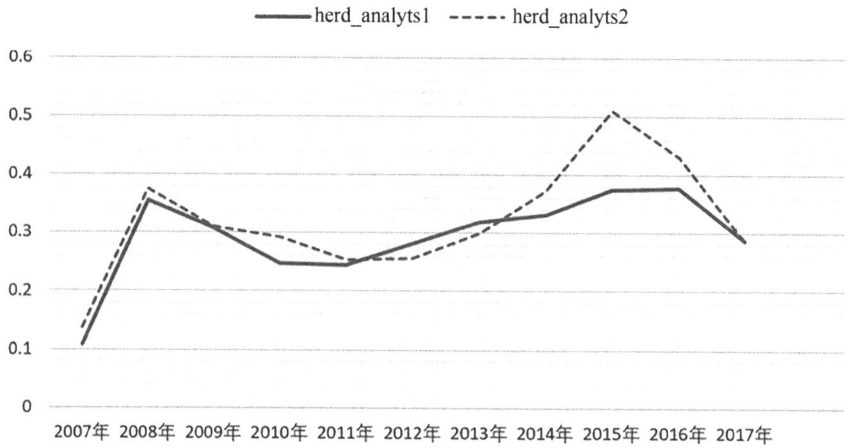

图 4-2　修正后的证券分析师羊群行为年度趋势图

4.3.3　证券分析师羊群行为的持续性研究

本书利用转移概率矩阵考察证券分析师羊群行为是否具有持续性(鉴于证券分析师羊群行为指标的计量包含基于每股收益指标 EPS 和基于市盈率 PE 两种度量方式,本书对两个指标同时进行了转移概率矩阵的计算,二者差别不大,具体如表 4－4 所示。其中 panel A 列示的是 herd_analyst1 的结果,panel B 列示的是 herd_analyst2 的结果),换句话说,当前证券分析师羊群行为较强的公司是否在未来其羊群行为也较强,当前证券分析师羊群行为较弱的公司是否未来其羊群行为也较弱。首先,考虑到证券分析师对股票的评级信息只有年度数据,因而按照证券分析师羊群行为的两个度量指标(herd_analyst1 和 herd_analyst2)按照从小到大的顺序进行排列并等分为 10 组;接着,计算当前组合在 12 个月之后转变为其他组合的概率分布,分别对应于表 4－4 的 panel A、panel B。

由表 4－4 可得,证券分析师的羊群行为呈现出明显的持续性。panel A 中,当前羊群行为最强的组合有 27.3%的概率在 12 个月之后依旧处于羊群行为最强的组合中,当前羊群行为最弱的组合有 22.7%的概率在 12 个月之后依旧处于羊群行为最弱的组合中,这远远超出了随机概率分布的 10%。同样在 panel B 中,当前羊群行为最强的组合有 21.0%的概率在 12 个月之后依旧处于羊群行为最强的组合中,当前羊群行为最弱的组合有 18.4%的概率在 12 个月之后依旧处于羊群行为最弱的组合中,同样远远超出了随机概率分布的 10%。这进一步表明,证券分析师羊群行为具有一定的持续性,而证券分析师羊群行为的持续性可能与证券分析师自身投资者风格或股票特质具有一定的关系,这也表明证券分析师羊群行为具有一定的策略性,而不是“一时兴起”。

表 4-4　基于转移概率矩阵的证券分析师羊群行为持续性研究

		later group									
	quantile	$Q1$	$Q2$	$Q3$	$Q4$	$Q5$	$Q6$	$Q7$	$Q8$	$Q9$	$Q10$
panel A：12 个月持有期下的转移概率矩阵											
current group	$Q1$	0.273	0.181	0.11	0.094	0.053	0.066	0.055	0.05	0.047	0.071
	$Q2$	0.204	0.203	0.14	0.095	0.085	0.07	0.058	0.06	0.035	0.05
	$Q3$	0.148	0.156	0.171	0.129	0.107	0.075	0.068	0.056	0.044	0.046
	$Q4$	0.084	0.104	0.151	0.173	0.136	0.092	0.075	0.066	0.059	0.06
	$Q5$	0.073	0.088	0.098	0.13	0.171	0.136	0.092	0.085	0.071	0.056
	$Q6$	0.057	0.068	0.089	0.097	0.129	0.165	0.131	0.107	0.098	0.059
	$Q7$	0.045	0.052	0.079	0.082	0.086	0.119	0.174	0.135	0.131	0.097
	$Q8$	0.043	0.052	0.049	0.071	0.083	0.102	0.126	0.172	0.168	0.134
	$Q9$	0.041	0.049	0.056	0.066	0.076	0.095	0.097	0.133	0.187	0.2
	$Q10$	0.032	0.047	0.057	0.063	0.074	0.08	0.124	0.136	0.16	0.227
panel B:12 个月持有期下的转移概率矩阵											
current group	$Q1$	0.21	0.181	0.118	0.102	0.061	0.074	0.063	0.058	0.055	0.078
	$Q2$	0.204	0.2	0.137	0.092	0.082	0.067	0.055	0.057	0.032	0.074
	$Q3$	0.152	0.154	0.169	0.127	0.105	0.073	0.066	0.054	0.042	0.058
	$Q4$	0.088	0.103	0.15	0.172	0.135	0.091	0.074	0.065	0.058	0.064
	$Q5$	0.077	0.085	0.095	0.127	0.168	0.133	0.089	0.082	0.068	0.076
	$Q6$	0.061	0.066	0.087	0.095	0.127	0.163	0.129	0.105	0.096	0.071
	$Q7$	0.049	0.053	0.08	0.083	0.087	0.12	0.175	0.136	0.132	0.085
	$Q8$	0.047	0.053	0.05	0.072	0.084	0.103	0.127	0.173	0.169	0.122
	$Q9$	0.045	0.05	0.057	0.067	0.077	0.096	0.098	0.134	0.188	0.188
	$Q10$	0.067	0.055	0.057	0.063	0.074	0.08	0.124	0.136	0.16	0.184

注:$Q1$ 为最低组,$Q10$ 为最高组。

4.4　实证分析

4.4.1　基于分组下的证券分析师羊群行为与系统性风险传染

本书考察基于分组下的证券分析师羊群行为与系统性风险传染之间的关系：首先，将每个年度的股票按照所承载的系统性风险传染（$\beta^{contagion}$）从低到高进行排序并等分为 10 组；其次，计算每个组合所有企业在当年年度的证券分析师羊群行为（herd_analyst1 和 herd_analyst2）的简单算术平均；再次，计算每个组合在当年年度系统性风险传染指标的简单算术平均；最后，对每个组合的证券分析师羊群行为的序列进行 Newey-West 稳健标准误调整后的均值 t 检验。

由表 4－5 可得，随着证券分析师羊群行为（包含 herd_analyst1 和 herd_analyst2 两个指标）的变大，个股所承担的系统性风险传染均呈现上升趋势，证券分析师羊群行为（无论是指标 herd_analyst1 还是指标 herd_analyst2）最多的企业组合 $Q10$ 所对应的个股承担的系统性风险传染指标要显著高于承担证券分析师羊群行为最少的企业组合 $Q1$。这意味着，企业所承担的系统性风险传染与证券分析师羊群行为之间可能均存在着正相关关系，进一步的论证还需要通过回归分析检验。

表 4－5　基于分组下的证券分析师羊群行为与系统性风险传染

分位点（herd_analyst1）	$\beta^{contagion}$	分位点（herd_analyst2）	$\beta^{contagion}$
$Q1$	0.329	$Q1$	0.416
$Q2$	0.337	$Q2$	0.425
$Q3$	0.342	$Q3$	0.431
$Q4$	0.347	$Q4$	0.436

（续表）

分位点 (herd_analyst1)	$\beta^{contagion}$	分位点 (herd_analyst2)	$\beta^{contagion}$
$Q5$	0.349	$Q5$	0.437
$Q6$	0.356	$Q6$	0.445
$Q7$	0.352	$Q7$	0.442
$Q8$	0.368	$Q8$	0.456
$Q9$	0.387	$Q9$	0.475
$Q10$	0.394	$Q10$	0.471
$Q10-Q1$	0.065 *** (−3.19)	−0.036 *** (3.20)	0.055 ** (−2.18)

注：括号内为经 Newey-West 稳健标准误调整后的 t 值；*** 、** 、* 分别表示 1%、5%、10%的显著性水平。

4.4.2 证券分析师羊群行为与系统性风险传染的回归分析

表 4－6 给出了证券分析师羊群行为与系统性风险传染的固定效应估计结果。在上述估计方程中本书还加入了年度虚拟控制变量和行业虚拟控制变量，以分别控制这两个因素在回归分析中的影响，同时还借鉴 Petersen(2009)对回归方程中的标准误进行了个股层面的聚类处理，控制了回归中涉及的组内自相关性。

可以看出，证券分析师羊群行为显著增加了个股承担的系统性风险传染(无论是指标 herd_analyst1 还是指标 herd_analyst2)，而且无论是在加入控制变量序列之前还是之后均呈现显著的正相关关系，这在一定程度上保证了回归结果的稳健性。以上结果支持了“假设 H1”：证券分析师羊群行为加剧了个股承担的系统性风险传染。

此外，企业规模(size)与个股承担的系统性风险传染呈正相关关系，表明规模越大的企业受整个市场价格波动的影响也较大；产权性质

(SOE)与个股承担的系统性风险传染呈正相关关系，表明我国国有企业承担着更大的系统性风险传染，一方面我国国有企业在系统重要性行业权重占比较高，另一方面，国有企业面临高杠杆、去产能等转型升级问题，这导致其承担着较高的系统性风险传染；资产负债率(LEV)与企业承担的系统性风险传染呈正相关关系，说明了还债压力较大的企业承担着更大的系统性风险传染，这也与资产负债率高是加剧系统性金融风险的结论相呼应；股权集中度(concen_equity)与系统性风险传染呈正相关关系，即，股权集中度越高的企业所承担的系统性风险越高，这可能与股权集中较高的企业管理层权力越大进而加剧公司与市场的信息不透明有关，进而导致股权集中度高的企业承担着较高的系统性风险传染；董事长与总经理是否两职合一(dual)与系统性风险传染呈正相关关系，表明管理层权力越大，公司承担的系统性风险传染越大；CEO 的任职年限(tenure)与系统性风险传染呈正相关关系，同样，表明公司管理层在职时间越长，公司承担越大的系统性风险传染；公司内部董事人数与公司董事人数之比(inner_director)并没有表现出明显的显著性，这可能是公司内部董事制度的“花瓶效应”的一种体现；个股的换手率(turnover)与系统性风险传染呈正相关关系，表明被频繁买进卖出的企业承担着更高的系统性风险传染，这与 Lipson and Puckett(2007)的研究相符；公司的成长性(MB)与系统性风险传染呈正相关关系，表明越是成长中的企业，承担的系统性风险传染越高。

表 4-6　证券分析师羊群行为与系统性风险传染

	$\beta^{contagion}$		$\beta^{contagion}$	
	(1)	(2)	(1)	(2)
herd_analyst1	1.122 **	1.422 **		
	(2.20)	(2.20)		

（续表）

	$\beta^{contagion}$		$\beta^{contagion}$	
	(1)	(2)	(1)	(2)
herd_analyst2			0.081 *** (3.25)	0.076 *** (4.28)
size		0.068 *** (6.20)		1.001 *** (7.96)
SOE		0.033 * (1.66)		0.013 *** (5.00)
ISR		0.069 ** (2.10)		0.037 ** (2.26)
LEV		0.067 * (1.77)		0.034 (1.33)
Pay		1.836 * (1.84)		2.066 (1.58)
concen_equity		0.031 ** (2.44)		0.032 ** (2.14)
dual		0.026 ** (2.34)		0.059 * (2.24)
inner_director		−0.028 (−1.39)		−0.026 (−1.30)
tenure		−0.001 (−1.24)		−0.001 (−1.28)
turnover		0.045 *** (8.04)		0.044 *** (7.97)
MB		0.033 ** (1.98)		0.034 ** (2.03)
ROA		−0.035 * (−1.88)		−0.055 ** (−2.25)
ind/year	yes	yes	yes	yes
cluster at firm	yes	yes	yes	yes

（续表）

	$\beta^{contagion}$		$\beta^{contagion}$	
	(1)	(2)	(1)	(2)
Hausman-test	32.18 ***	62.38 ***	33.67 ***	54.62 ***
N	14 022	14 022	14 022	14 022
R^2	0.098	0.104	0.186	0.213

注：括号内为经 White 稳健标准误调整后的 t 值；*** 、** 、* 分别表示 1%、5%、10%的显著性水平。

第 5 章

对证券分析师羊群行为的进一步分析

本章内容承接第 4 章的理论分析和模型方法，主要对证券分析师羊群行为对系统性风险传染之间影响机理进行实证分析和稳健性检验。内容安排如下：从社会关注度、利好谣言和利空谣言、有形信息和无形信息的角度分析其对证券分析师羊群行为与系统性风险传染之间关系的影响；稳健性检验部分，针对第 4、5 章实证分析的所得结果进行相应的稳健性检验。

5.1 机理分析：社会关注度、网络谣言、有形信息与无形信息的视角

本书加入社会关注度、网络谣言、有形信息与无形信息与证券分析师羊群行为的交互项以分别考察投资者关注的传递信息、证券分析师关注的网络谣言的信息传递以及基于公司基本面的有形信息的传递和基于公司基本面以外的无形信息的传递对证券分析师羊群行为和系统性风险传染之间的正向关系具有怎样的影响。为了保证交互项的经济学含义以及避免多重共线性的影响，我们对其进行了中心化处理。

由表 5－1 可得对假设 H1a、H1b 和 H1c 的支持性结论。

(1)社会关注度越高，证券分析师羊群行为与系统性风险传染之间的关系越弱。这进一步说明媒体通过信息传播和信息制造，对证券分析师

形成一种监督性的威慑作用能够起到降低证券分析师的预测乐观度和预测偏差的作用。同时也表明，社会对上市公司的关注能够增强证券分析师的评级报告质量，进而增强上市公司内部与外部市场的信息对称度，从而起到降低个股承担的系统性风险传染的作用。从这个角度看，加强媒体监督，提升个股社会关注度是降低企业系统性风险传染的重要途径。此外，这一结果支持了“假设 H1a”，即：社会关注度越高，证券分析师羊群行为与系统性风险传染之间的关系越弱。

(2)存在网络谣言的公司，羊群行为与个股承担的系统性风险传染的正向关系越强。这一结果进一步表明，网络谣言在资本市场定价中的重要影响，赵静梅等(2010)的研究中发现网络谣言尽管被澄清以后还是难以回复股价，这与有效资本市场理论中对称的信息流对股价造成的影响也应具有对称性是相反的，而本书结果也是上述结论的有力证明：无论是利好谣言变量还是利空谣言变量都显著地加剧了个股承担的系统性风险传染，同时较之于利好谣言，利空谣言对系统性风险传染的影响似乎更大，展现出投资者对个股的强烈的避险心理。这进一步表明网络谣言作为一种“不真实”的消息在资本市场信息传递中的作用是难以“逆反”的，网络谣言越盛，资本市场的信息透明度越低，隐藏在网络谣言下的真实信息越难以被市场识别，加剧了上市公司承担的系统性风险传染。因而，这一结果支持了本书的“假设 H1b”，即：存在网络谣言的公司，羊群行为与个股承担的系统性风险传染的正向关系越强。

(3)结果显示有形信息含量越高，证券分析师羊群行为与个股承担的系统性风险传染的正向关系没有显著的影响，而无形信息含量越高，证券分析师羊群行为与个股承担的系统性风险传染的正向关系越强。这表明关乎基本面的“有形信息(Tangible Information)”对证券分析师羊群行为与系统性风险传染之间的关系没有实质性影响，与蔡庆丰和杨侃(2013)发现的证券分析师并不关注企业基本面的经营理念策略、财务状况、市场占有率、人才构成等信息相一致。同时，这一结果还表明排除公司基本面外的信息对证券分析师羊群行为与个股承担的系统性风险传染的关系具有显著的正影响，这是证券分析师倾向于炒作题材、“捕风捉影”的有力说明。这一结果支持了“假设 H1c”，即：无形信息含量越高，证券分析师羊群行为与个股承担的系统性风险传染的正向关系越强。

表 5-1　调节作用：社会关注度、网络谣言（利好谣言和利空谣言）、有形信息与无形信息

	$\beta^{contagion}$				
	利好谣言 (1)	利空谣言 (2)	社会关注度(3)	有形信息 (4)	无形信息 (5)
herd_analyst1	1.117 *** (2.97)	1.025 *** (3.47)	1.136 *** (2.70)	1.258 ** (2.49)	1.022 ** (2.17)
rumor_be	0.016 *** (4.11)				
herd_analyst1 ×rumor_be	0.002 ** (2.29)				
rumor_dr		0.217 ** (2.09)			
herd_analyst1 ×rumor_dr		0.003 ** (2.12)			
social_attention			−0.007 ** (−2.33)		
herd_analyst1 ×social_attention			−0.001 ** (−2.19)		
tangible				−1.103 (−1.12)	
herd_analyst1 ×tangible				−0.011 (−1.29)	
intangible					2.28 ** (2.12)

（续表）

	$\beta^{contagion}$				
	利好谣言 (1)	利空谣言 (2)	社会关注度(3)	有形信息 (4)	无形信息 (5)
herd_analyst1 ×intangible					0.051 * (1.72)
control	yes	yes	yes	yes	yes
ind/year	yes	yes	yes	yes	yes
cluster at firm	yes	yes	yes	yes	yes
Hausman-test	57.12 ***	43.44 ***	42.19 ***	52.34 ***	47.68 ***
N	14 022	14 022	14 022	14 022	14 022
R^2	0.149	0.213	0.095	0.216	0.113
herd_analyst2	1.071 ** (2.17)	1.161 ** (2.21)	1.087 ** (2.13)	1.251 ** (2.52)	1.303 ** (2.06)
rumor_be	0.013 *** (3.63)				
herd_analyst2 ×rumor_be	0.001 ** (2.18)				
rumor_dr		0.302 ** (2.32)			
herd_analyst2 ×rumor_dr		0.002 * (1.78)			
social_attention			−0.006 * (−1.65)		
herd_analyst1 ×social_attention			−0.002 ** (−1.73)		
tangible				−0.963 (−0.99)	
herd_analyst1 ×tangible				−0.021 (−0.65)	

（续表）

	$\beta^{contagion}$				
	利好谣言（1）	利空谣言（2）	社会关注度（3）	有形信息（4）	无形信息（5）
intangible					3.13 ** (2.36)
herd_analyst1 ×intangible					0.044 ** (2.23)
control	yes	yes	yes	yes	yes
ind/year	yes	yes	yes	yes	yes
cluster at firm	yes	yes	yes	yes	yes
Hausman-test	50.01 ***	52.24 ***	33.96 ***	47.85 ***	49.16 ***
N	14 022	14 022	14 022	14 022	14 022
R^2	0.134	0.123	0.167	0.204	0.145

注：括号内为经 White 稳健标准误调整后的 t 值；*** 、** 、* 分别表示 1%、5%、10%的显著性水平。

5.2 稳健性检验

5.2.1 针对股市牛熊周期的稳健性检验

宏观经济的走势，社会、政治环境的变动，财政、金融政策的变化以及上市公司的业绩和经营行为都会影响股票市场的预期和涨落，形成“牛”“熊”周期（DeLong，1992；Siegel，1998）。研究发现，“牛市”阶段和“熊市”阶段在资本市场上对信息的反映效率呈现不平衡性（陆蓉和徐龙炳，2004；何兴强和李涛，2007）。通过对证券分析师羊群行为指标的初步描述性统计分析，也可以看出股市的“牛”“熊”周期内证券分析师羊群行为具有实质性的差别，即，“牛市”期间，证券分析师羊群行为显著要强于“熊市”期间。此外，本书研究的一个重要内容是个股承担的系统性风险传染，这与资本市场的股票价格有着密切的关系，而且个股价格是资本市场研究中经久不衰的内容，与宏观经济环境联系紧密，因而，受宏观经济走势影响的股市的“牛”“熊”周期可能对本书的研究结论具有一定的影响。因此，有必要针对样本区间内的“牛市”和“熊市”进行子样本回归。

“牛”“熊”周期的具体划分方式如下：鉴于本书回归方程的样本频率为年度，因此我们采用经流通市值加权的上证 A 股指数年收盘价判断对应年度的“牛”“熊”状态。划分结果如下，“牛市”阶段：2007 年、2009 年、2012 年、2014 年、2015 年、2017 年；“熊市”阶段：2008 年、2010 年、2011 年、2013 年、2016 年。受限于子样本的数据量和时间跨度，以及避免自由度的大量损失，我们去除了年度控制变量序列和行业控制变量序列并采用 Pool-OLS 估计。表 5－2 列示了证券分析师羊群行为与系统性风险传染之间的关系的稳健性检验结果，股票市场的“牛”“熊”周期没有影响本书的主要结论：证券分析师羊群行为加剧了个股承担的系统性风险传染；社会关注度越高，羊群行为与个股承担的系统性风险传染的正向关系越弱；存在网络谣言的公司，羊群行为与个股承担的系统性风险传染的正向关系越强；无形信息含量越高，羊群行为与个股承担的系统性风险传染的正向关系越强。

表 5－2　股市“牛”“熊”周期的稳健性检验

牛市	$\beta^{contagion}$				
	利好谣言 (1)	利空谣言 (2)	社会关注度(3)	有形信息 (4)	无形信息 (5)
herd_analyst1	1.453 *** (2.43)	1.261 *** (3.08)	1.554 *** (2.61)	1.497 ** (2.26)	1.502 ** (2.05)
rumor_be	0.025 *** (3.58)				
herd_analyst1 ×rumor_be	0.003 ** (2.26)				

（续表）

牛市	$\beta^{contagion}$				
	利好谣言 (1)	利空谣言 (2)	社会关注度(3)	有形信息 (4)	无形信息 (5)
rumor_dr		0.259 * (1.77)			
herd_analyst1 ×rumor_dr		0.003 * (1.78)			
social_attention			−0.008 ** (−2.22)		
herd_analyst1 ×social_attention			−0.001 ** (−2.01)		
tangible				−1.169 (−1.18)	
herd_analyst1 ×tangible				−0.021 (−1.34)	
intangible					2.09 ** (2.19)
herd_analyst1 ×intangible					0.047 * (1.81)
control	yes	yes	yes	yes	yes
ind/year	yes	yes	yes	yes	yes
cluster at firm	yes	yes	yes	yes	yes
Hausman-test	53.33 ***	41.65 ***	39.26 ***	49.92 ***	45.17 ***
N	7861	7861	7861	7861	7861
R^2	0.142	0.190	0.124	0.195	0.102

熊市	$\beta^{contagion}$				
	利好谣言 (1)	利空谣言 (2)	社会关注度(3)	有形信息 (4)	无形信息 (5)
herd_analyst1	1.092 *** (3.11)	0.981 *** (4.26)	1.087 *** (2.98)	1.104 ** (3.14)	0.883 ** (1.79)

（续表）

熊市	$\beta^{contagion}$				
	利好谣言 (1)	利空谣言 (2)	社会关注度(3)	有形信息 (4)	无形信息 (5)
rumor_be	0.008 *** (4.94)				
herd_analyst1 ×rumor_be	0.002 ** (2.23)				
rumor_dr		0.179 ** (2.17)			
herd_analyst1 ×rumor_dr		0.002 ** (2.01)			
social_attention			−0.006 ** (−1.93)		
herd_analyst1 ×social_attention			−0.001 ** (−1.97)		
tangible				−1.003 (−1.39)	
herd_analyst1 ×tangible				−0.008 (−0.93)	
intangible					1.590 ** (2.18)
herd_analyst1 ×intangible					0.044 * (1.76)
control	yes	yes	yes	yes	yes
ind/year	yes	yes	yes	yes	yes
cluster at firm	yes	yes	yes	yes	yes
Hausman-test	51.01 ***	43.31 ***	36.26 ***	59.66 ***	45.09 ***
N	6161	6161	6161	6161	6161
R^2	0.126	0.187	0.112	0.258	0.174

注：括号内为经 White 稳健标准误调整后的 t 值；***、**、* 分别表示 1%、5%、10%的显著性水平。

5.2.2 基于 Heckman 两阶段的内生性问题检验

本章的结论表明：证券分析师的羊群行为会加剧个股承担的系统性风险传染水平。但证券分析师的羊群行为可能会受证券分析师自身特征的影响，因此为规避证券分析师在给出盈余预测时的自选择偏误，本书构建了内生问题存在性检测模型和规避内生性问题后的回归模型，具体采用 Heckman 的两阶段估计模型，如下。将证券分析师羊群行为以中位数为分界点划分为高低两组，并设置证券分析师羊群行为虚拟变量 herd_analyst_$h_{i,t}$（此处仅列示 herd_analyst1_$h_{i,t}$ 的结果），如果 i 公司在 t 期的证券分析师羊群行为值大于当期中位数，则赋值为 1，否则为 0。构建如式(5.1)模型进行检验。

$$\begin{aligned} \text{herd\_analyst\_}h_{i,t} = & a + g_1 \times \text{Age}_{i,t} + g_2 \times \text{tenth}_{i,t} + g_3 \times \text{star}_{i,t} \\ & + g_4 \times \text{sex}_{i,t} + g_5 \times \text{edu}_{i,t} + \sum (g_n \times \text{year}) \\ & + \sum (g_m \times \text{industry}) + \varepsilon_{i,t} \end{aligned} \tag{5.1}$$

在模型式(5.1)中，$\text{age}_{i,t}$ 为给 i 公司盈余预测的证券分析师的年龄的加权平均值；$\text{tenth}_{i,t}$ 为证券分析师所属机构变量，用给 i 公司盈余预测的证券分析师所属机构变量的平均值（如果证券分析师所属机构是国内十大券商则赋值为 2，反之为 1）度量；$\text{star}_{i,t}$ 为证券分析师个人声誉变量，是给 i 公司盈余预测的证券分析师的声誉变量的平均值（若证券分析师在前一年被《新财富》评为最佳分析师则赋值 2，否则为 1）；$\text{sex}_{i,t}$ 为证券分析师性别变量，用给 i 公司盈余预测的证券分析师性别变量的平均值（如果证券分析师性别为男则赋值 2，反之为 1）度量；$\text{edu}_{i,t}$ 为证券分析师学历变量，用给 i 公司盈余预测的证券分析师学历变量的平均值（如果证券分析师属于博士研究生赋值为 2，硕士研究生赋值为 1，其他为 0）度量。在第一阶段的内生问题存在性检测模型中可以看到 probit 回归结果，表明存在非常明显的自选择偏误。在表 5－3 中，控制自选择偏误后进行估计得到结果；证券分析师羊群行为加剧了个股承担的系统性风险传染；社会关注度越高，证券分析师羊群行为与个股承担的系统性风险传染的正向关系越弱；存在网络谣言的公司，证券分析师羊群行为与个股承担的系统性风险传染的正向关系越强；无形信息含量越高，证券分析师羊群行为与个股承担的系统性风险传染的正向关系越强，有形信息含量对证券分析师羊群行为与个股承担的系统性风险传染的关系没有显著性的影响。

表 5－3　Heckman 两阶段模型控制自选择偏误后的估计结果

	$\beta^{contagion}$				
	利好谣言 (1)	利空谣言 (2)	社会关注度(3)	有形信息 (4)	无形信息 (5)
herd_analyst1	1.038 *** (3.12)	1.148 *** (2.89)	1.075 *** (3.14)	1.417 ** (1.84)	1.046 ** (2.07)
rumor_be	0.052 ** (2.03)				
herd_analyst1 ×rumor_be	0.013 ** (2.03)				
rumor_dr		0.226 ** (1.91)			
herd_analyst1 ×rumor_dr		0.002 ** (2.04)			
social_attention			−0.006 ** (−2.16)		
herd_analyst1 ×social_attention			−0.001 ** (−1.94)		
tangible				−1.231 (−1.47)	
herd_analyst1 ×tangible				−0.012 (−1.33)	
intangible					2.295 ** (2.06)

（续表）

	$\beta^{contagion}$				
	利好谣言 (1)	利空谣言 (2)	社会关注度(3)	有形信息 (4)	无形信息 (5)
herd_analyst1 ×intangible					0.072 * (1.87)
control	yes	yes	yes	yes	yes
ind/year	yes	yes	yes	yes	yes
cluster at firm	yes	yes	yes	yes	yes
Hausman-test	yes	yes	yes	yes	yes
N	55.34 ***	49.12 ***	47.73 ***	50.96 ***	45.72 ***
R^2	14 022	14 022	14 022	14 022	14 022

注：括号内为经 White 稳健标准误调整后的 t 值；***、**、* 分别表示 1%、5%、10%的显著性水平。

5.2.3 证券分析师异质性的稳健性检验

根据现有的结论，明星分析师和非明星分析师相比所呈现的从众效应稍弱。例如，游家兴等(2017)利用中国上市公司和分析师数据发现明星分析师由于获取私人信息能力更强而在面对“大众”诱惑时能够选择坚守从而维护其声誉。与此保持一致的是 Gleason and Lee(2003)发现，较之于一般分析师给出的预测，资本市场的反应对明星分析师的预测更加敏感。此外，Prendergast and Stole(1996)、Zitzewitz(2001)等人还发现较之于经验丰富的证券分析师，经验较少的分析师更具有发布冒险预测的倾向，这是由于经验欠缺会导致分析师在获取信息和处理信息能力上也具备劣势，而此时他们为在短期内快速获得声誉会选择“富贵险中求”。李丽青(2012)等人发现了在证券市场中的高声誉明星分析师的预测推荐可以引起更明显的市场反应或者会使基于这些推荐预测进行交易的投资者获得更显著的风险调整后的收益。因此，本书按照为上市公司给出的评级的分析师是否是明星分析师进行分类重新计算证券分析师的羊群行为，得到了明星分析师的羊群行为指标和非明星分析师的羊群行为指标并且代入主要的回归模型中，发现二者在与系统性风险传染的关系中区别并不大（非明星分析师的影响效应稍高），但都与系统性风险传染呈正相关关系。

表 5-4　证券分析师异质性的稳健性检验的估计结果

	$\beta^{contagion}$	
	明星分析师	非明星分析师
herd_analyst1	1.331 ** (2.12)	1.350 ** (2.08)
rumor_be	0.017 *** (3.15)	0.021 *** (2.82)
herd_analyst1×rumor_be	0.002 ** (2.09)	0.010 *** (3.22)
rumor_dr	0.216 * (1.79)	0.179 ** (2.04)
herd_analyst1×rumor_dr	0.003 * (1.83)	0.002 ** (2.13)
social_attention	0.006 * (1.92)	−0.009 ** (−2.24)
herd_analyst1×social_attention	−0.001 * (−1.87)	−0.002 ** (−2.26)
tangible	−0.017 ** (−2.05)	−1.045 (−1.07)
herd_analyst1×tangible	−0.017 *** (−3.15)	−0.018 (−1.47)
intangible	1.260 * (1.93)	1.701 ** (2.06)
herd_analyst1×intangible	0.102 ** (2.02)	0.089 (1.61)

（续表）

	$\beta^{contagion}$	
	明星分析师	非明星分析师
control	yes	yes
ind/year	yes	yes
cluster at firm	yes	yes
Hausman-test	51.45 ***	43.20 ***
N	14 022	14 022
R^2	0.108	0.114

注：括号内为经 White 稳健标准误调整后的 t 值；*** 、** 、* 分别表示 1%、5%、10%的显著性水平。

5.2.4 其他的稳健性检验

此外，本书还做了以下稳健性检验。

（1）由于我国有上海证券交易所和深圳证券交易所两个大所，而且这两所之间在上市公司偏好、所内发行交易制度以及投资者组成等方面存有不同，因而为了规避由于公司所处交易所环境的不同对本书研究结论带来的影响，在上述回归分析中引入交易所虚拟变量。

（2）为了防止股票的换手率对单一股票所承载的系统性风险传染的潜在影响，我们除了在回归方程中引入换手率变量之外，还按照股票的换手率排序，针对高换手率和低换手率组合进行子样本回归。

（3）无论是 CAPM 模型、Fama-French（1993）三因子模型、Carhart（1997）四因子模型、Fama-French（2013）五因子模型还是动态混合 β 模型测度的系统性风险都会受到无风险收益率的影响，我们选取三个月期的定期存款利率除以 3 代替原文中的一年期的定期存款利率除以 12 表示无风险收益率。所有稳健性检验的结果与本书的结果基本一致，说明本书的结论是稳健的。

5.3　小结

本书第4、5章内容主要研究了证券分析师羊群行为与个股承担的系统性风险传染之间的关系，并在此基础上考察了社会关注度、网络谣言、有形信息和无形信息是否影响了证券分析师羊群行为和系统性风险传染的关系，进而深入考察证券分析师羊群行为对系统性风险传染的作用机理和传导途径。

首先，考虑到证券分析师羊群行为可能存在着显著的时变性特征，通过转移概率矩阵发现证券分析师对某支股票的羊群行为具有持续性的特点，且这一持续性特征不仅仅适用于某一局部，而是具有“全域”性质，而证券分析师羊群行为的持续性可能与证券分析师自身投资者风格或股票特质具有一定的关系，这也表明证券分析师羊群行为具有一定的策略性，而不是“一时兴起”。

其次，采用分组排序的方法考察证券分析师羊群行为与系统性风险传染之间的关系，发现随着证券分析师羊群行为的变大，企业所承担的系统性风险传染均呈现上升趋势，即企业所承担的系统性风险传染与证券分析师羊群行为可能均存在着正相关关系。

再次，通过实证分析方法回归分析了证券分析师羊群行为与系统性风险传染之间的关系以及社会关注度、网络谣言、有形信息和无形信息对证券分析师羊群行为与系统性风险传染之间的关系的影响，结果发现：证券分析师羊群行为加剧了个股承担的系统性风险传染；社会关注度越高，证券分析师羊群行为与系统性风险传染之间的关系越弱；存在网络谣言的公司，羊群行为与个股承担的系统性风险传染的正向关系越强；有形信息含量越高，证券分析师羊群行为与个股承担的系统性风险传染的正向关系没有显著的影响，无形信息含量越高，证券分析师羊群行为与个股承担的系统性风险传染的正向关系越强。

最后，针对以上实证分析的回归结果进行了相应的稳健性检验。

第6章

机构投资者羊群行为与系统性风险传染

本章内容主要研究了机构投资者的羊群行为与系统性风险传染(选取标准的马尔可夫链,采用动态混合β测度模型基于贝叶斯估计所得)之间的关系,在此基础之上考察了公司信息透明度、内部控制质量、审计质量、高管信息披露操纵倾向、有形信息和无形信息是否影响机构投资者羊群行为与风险传染之间的关系,进而挖掘机构投资者羊群行为影响风险传染的传导途径和作用机理,以及相关的应对措施。对于机构投资者羊群行为与风险传染的关系,本书之前已经进行了详细的介绍和说明,因此,本章假设提出部分的主要目的在于描述公司信息透明度、内部控制质量、审计质量、高管信息披露操纵倾向、有形信息和无形信息与机构投资者羊群行为之间的潜在联系,以及它们影响机构投资者羊群行为与风险传染之间关系的潜在途径。除了假设提出部分,其他部分的内容安排如下:模型与方法部分,介绍公司信息透明度、内部控制质量、审计质量、高管信息披露操纵倾向、有形信息和无形信息指标的详细度量方法,以及控制变量的选取和相应的计量模型;样本选取与统计描述部分,详细说明本章研究内容的数据来源,并给出对应的描述性统计结果,考虑到机构投资者羊群行为可能存在着显著的时变性特征,利用转移概率矩阵考察机构投资者羊群行为的持续性;实证分析部分,采用分组排序的方法考察机构投资者羊群行为与风险传染之间的关系,观察相应的趋势是否显著,并通过回归方法实证分析机构投资者羊群行为与风险传染之间的关系。

6.1　假设提出

如前所述,机构投资者羊群行为是指其放弃使用私有信息而出于其他原因模仿或跟随他人决策时的行为(Tureman,1994)。同样,风险传染是系统性风险有着巨大破坏力的关键因素,也是"黑天鹅"现象频出的主要原因,其"传染"性质体现在:产生于宏观层面的风险原本对于一些企业没有直接影响,但是伴随着经济变量的传导机制,经过复杂的中介作用,间接影响了这些企业;源自微观层面的风险由于大量聚集,伴随着风险重要性企业或金融机构的风险放大作用,形成了可以对整个社会、宏观经济产生影响的系统性风险。

首先,羊群行为对系统性风险传染的影响可以从相关信息渠道的传染理论进行分析(Chopra et al.,1992;Lipson and Puckett,2007;许年行等,2013)。机构投资者作为较为"理性"的投资群体,通常被认为是冲销个人投资者的非理性交易、降低市场噪音进而稳定资本市场的重要力量。然而,相关研究通过数据检测发现,我国的机构投资者不仅没有起到其所背负的稳定市场的作用,反而具有盲目性的从众行为,而且机构投资者的从众行为严重加剧了市场动荡,是加剧金融体系脆弱性的幕后黑手(许年行等,2013)。这是由于在中国市场,机构投资者持股数量巨大,是市场散户的建仓模仿对象,而且作为新兴市场国家,中国股票市场的信息不对称程度较高、信息获取成本较大、监管体系存在较大缺陷,这导致了中国的股票市场不仅存在显著的羊群行为,而且该行为显著高于欧美市场(孙培源和施东晖,2002;Tan et al.,2008;Chiang et al.,2010)。可见,机构投资者羊群行为的主要原因是信息不对称和信息渠道的不通畅。信息不通畅容易导致堵塞效应,使得市场难以识别真正健康或者不健康的公司,机构投资者一旦对某支股票发生羊群行为,短期内的信息难以迅速被市场吸收,即,当面对外部冲击时,信息渠道的堵塞效应会使股票内部形成一个

"信息洼地",在洼地内部各类风险迅速传染膨胀,增大系统性风险。

其次,羊群行为对系统性风险传染的影响可以从流动性渠道的传染理论进行分析(Longstaff,2010;方毅和张屹山,2007)。流动性渠道的理论认为,当面临外部市场极端状况时,即使健康的企业也会因为遭受流动性风险而导致系统性的危机(Longstaff,2010)。自从 2005 年"超常规发展机构投资者"的战略确立以来,机构投资者规模迅速扩大已经成为我国 A 股市场的重要力量。不仅如此,机构投资者还是资本市场上具有信息优势的理性投资者,基于此,其"一举一动"都会被散户所关注和模仿,因而,一旦机构投资者买入或卖出某支股票必然会被大量跟随。因此,当机构投资者中的"头羊"盲目地买入和卖出某支股票而被后续的机构投资者模仿时,大量的散户必然"闻风而动",在短期市场信息难以被消化和吸收时,带来该股票流动性的枯竭,其内部风险传染加剧、增大其系统性风险。

最后,羊群行为对系统性风险传染的影响可以从网络结构渠道的传染理论进行分析(Longstaff,2010;Kang et al.,2013;Mohammadi and Tan,2015)。该理论认为,个体风险通过信用渠道得以传染并放大,这是由于当个体企业之间以信用链互相依存,如果一家企业出现财务困难,不仅会影响到自身而且殃及其信用体系内的其他个体,严重情况下甚至祸及金融体系内的其他经济体,带来系统性危机。同前所述,机构投资者的羊群行为同样会加剧股票的系统性风险(内部风险传染加剧导致的)。由于企业之间以及一般企业与金融企业之间的信息关系更加会导致该股票内部的系统性风险积聚,Allen and Gale(2000)认为,各个经济体的信用联结程度越强,外部冲击带来的系统风险传染越强。Richard et al.(2011)则认为,系统风险与联结的关系随着联结程度的增加呈递增态势。这是由于企业资金担保链使得风险积聚效应突出,放大系统性风险,一旦外部冲击到来(羊群行为),企业既定的基于"线、环、网"构建的风险共享体系内部伴随着其资产负债表渠道、信息传染渠道、投资传染渠道等风险传染机制迅速增大系统性风险(杜权和郑炳蔚,2010;张乐才,2011)。

基于此，提出如下假设。

H2：机构投资者羊群行为加剧了个股承担的系统性风险传染。

信息透明度（ABACC）是基于企业自身的盈余管理行为考察相应的信息不对称水平。张宗新和杨万成（2016）的研究发现，企业通过资本市场反映出来的基本面信息或有形信息含量越高，事实上也表明了企业的透明度越高，两者呈现出显著的正相关关系。Jin and Myers（2006）、Kim et al.（2011）认为，企业透明度的提高可以向外界传达出自身运营稳健、财务状况良好的信号，向机构投资者传达公司健康信号。Watts 和 Zimmerman（2009）、王帅文（2018）认为代理问题带来的企业内外部的信息不对称问题需要外部第三方对企业的信息质量进行监督，进而发现企业内外部信息越对称，机构投资者羊群行为越弱。因此，企业透明度的提高在一定程度上可以降低公司内部和资本市场外部的信息不对称，缓解机构投资者的羊群行为。

基于此，本书提出如下假设。

H2a：信息透明度越高，羊群行为与个股承担的系统性风险传染的正向关系越弱。

在公开资本市场当中，公司自身的信息披露是机构投资者投资决策的重要信息来源（Lehavy et al.，2011），信息披露质量确实对机构投资者行为产生了重要影响（李丹和贾宁，2009）。内部控制链接企业和市场，是企业披露高质量信息的保证。作为一种风险管控手段，内部控制在提升会计稳健性（Goh and Li，2011；Mitra et al.，2013）、增强盈余管理持续性（方红星和张志平，2013）、提高投资效率（池国华等，2016）和抑制高管腐败（周美华、林斌和林东杰，2016）等方面具有显著效果，是预防公司经营风险的硬屏障。然而，在防控风险方面，内部控制既谋企业一“域”，同样谋市场“全局”。尹筑嘉和黄建欢（2008）发现公司内部信息披露通过抑制信息不对称、对投资者的投资判断进行“纠偏”从而减缓市场股价波动。杨道广和陈汉文（2013）发现企业内部控制质量越高，其股票的流动性越强,即市场投资的判断识别内部控制质量。叶康涛等(2015)发现企业内部控制可以降低公司操纵坏消息和好消息的倾向,减弱股价崩盘风险。即,内部控制具有信息“泄洪”作用,平衡内外部信息的不平衡。可见,较高的内部控制质量能提高企业内部消息传递给市场的效率,为外部投资者提供更多甄别消息,进而起到治理资本市场的作用。张向丽和池国华(2018)发现高质量的内部控制能够显著降低公司内外部的信息不对称,降低机构投资者羊群行为。

基于此,本书提出如下假设。

H2b:内部控制质量越高,羊群行为与个股承担的系统性风险传染的正向关系越弱。

内部控制与外部审计在公司治理层面具有相互补充的作用(蔡春等,2005)。外部审计作为一种独立的第三方监督主体,对上市公司提供的信息真实性提供保证,具有提升公司信息披露质量的显著效果。杨德明等(2009)和熊家财(2015)指出较高质量的外部审计具有“好”的信号传递的作用,这是由于其能够通过对其所审计的公司的传统的财务报告审计方法以及利用经验性的嗅觉根据企业的非财务信息对公司信息提供权威性保证,这是信息在资本市场引起反应的典型路径。随着互联网等新型科技的发展,信息资源变得越来越具稀缺性,然而一直以来,信息的获取路径、传播方式以及带来的影响都是资本市场研究的重要内容。因此,由外部审计提供了保证的财务报告等信息对资本市场的关键作用是不言而喻的——其客观性、真实与否会严重影响资本市场的信息披露质量和有效运作。虚假的财务信息会加剧市场信息不对称程度,引起股市的暴涨和暴跌,使整个金融体系变得无比脆弱。同内部控制类似,较高的外部审计质量能够显著降低公司外部信息不对称,进而降低机构投资者羊群行为(王帅文,2018)。

基于此,本书提出如下假设。

H2c:审计质量越高,羊群行为与个股承担的系统性风险传染的正向关系越弱。

两权分离以来，各种激励方式被用于缓解高管和股东之间的委托代理问题。实际上，最根本的解决方式就是使这两个利益方之间所追求的利益目标趋于一致。各种研究从理论上进行了全方位的探究，发现了薪酬激励机制完美地解决了这一问题，在追求较高的公司业绩的时候能够满足高管薪酬最大化，也能够满足企业股东财富最大化的目标(罗富碧等，2009)。那么薪酬激励机制是否真的完美呢？从实际设计操作层面或许不然，这是由于薪酬激励机制的正常实行需要有外部监督的支持，一旦外部监督的防线撤下，高管会伺机选择成本更小的扭曲薪酬激励的方式来实现其利益的最大化，此时薪酬激励机制失效。通过操控信息披露的类型和节点成为其扭曲薪酬激励机制的主要方法，研究也发现了，上市公司的高管具有加快坏消息的发布或者推迟好消息的发布的倾向(David，2000)。而高管的此类行为扰乱了正常的公司治理机制，同时会使公司信息与资本市场信息披露脱节或严重不符，因此，具有信息披露操纵倾向的高管的企业加剧了企业内部和外部投资者的信息不对称程度，而信息不对称是加剧机构投资者羊群行为的重要因素。

基于此，本书提出如下假设。

H2d：存在高管信息披露操纵倾向的公司，羊群行为与个股承担的系统性风险传染的正向关系越强。

与本书第 4 章 4.1 节内容相呼应，本书提出如下假设。

H2e：有形信息含量越高，羊群行为与风险传染的正向关系越强。

6.2　模型与方法

6.2.1　调节变量

随着个人财富积聚、投资需求日盛和投资理念的转变，机构投资者俨然成为我国资本市场的重要参与者(许年行，2013)，国家在 2005 年做出

“超常规发展机构投资者”的战略是期望机构投资者能够起到稳定资本市场的作用。事实上,较之于个人投资者,机构投资者更为理性,其获取信息渠道更为广阔、处理信息的能力更为专业,一系列研究也表明机构投资者在提升企业信息披露质量(Bronson, et al., 2006;韩晴和王华,2014)、抑制内部控制缺陷(李越冬和严青,2017)、降低盈余管理(Velury, et al., 2006;袁知柱等,2014;孙光国等,2015)、缓解融资约束(甄红线和王瑾乐,2016)、提升投资效率(唐松莲等,2013)、提高R&D投入(Gaspar, et al., 2005;张济建等,2017)等方面发挥着重要作用。蔡庆丰和杨侃(2013)通过实证研究也认为相较于证券分析师的“捕风捉影”,机构投资者更加偏好与基本面有关的有形信息。此外,考虑到机构投资者在资本市场上充当着信息传递者的作用,其对信息获取、理解和传递的偏误往往会降低资本市场的定价效率,为股市带来危害。

与此相匹配的是,国家监管机构也秉持对突破法律红线零容忍的态度,围绕防范系统性风险点这一最重要任务,坚持点面结合的方法,保持着监管的高压态势,屡屡出手收治资本市场的“妖魔鬼怪”,规范各类资本市场乱象行为。而宏观机制和微观机制有效结合,将国家监管的触角延伸到个股治理层面是国家防范金融风险的最新着力点。因此,在研究机构投资者羊群行为与个股承担的系统性风险传染的关系时,从企业的治理机制入手,探究其中的作用机理,不仅具有重要的理论意义,而且有着可供参考的实际价值。综上,从公司治理层面的公司信息透明度、内部控制质量、审计质量和高管信息披露操纵倾向对机构投资者与系统性风险传染的关系进行检测。

1)公司信息透明度(ABACC)

上市公司信息是否透明关系着股票市场的价格发现机制是否有效,长期以来,公司透明度的研究一直是学术领域研究的热点,有关信息透明度的指标度量也已经比较成熟,本书在参照前人文献的基础上,选取了比较适合中国资本市场环境的修正的琼斯模型进行计量(Jones, 1991;

Dechow et al.,1995),其具体测度是提取出回归方程中的操控性应计利润并取其绝对值。该指标的具体计算步骤如式(6.1)至式(6.3)。

$$\frac{TACC_t}{A_{t-1}}=\alpha_0\frac{1}{A_{t-1}}+\alpha_1\left(\frac{\Delta REV_t-\Delta REC_t}{A_{t-1}}\right)+\alpha_2\frac{PPE_t}{A_{t-1}}+\varepsilon_t \tag{6.1}$$

$$NDA_t=\alpha_0\frac{1}{A_{t-1}}+\alpha_1\left(\frac{\Delta REV_t-\Delta REC_t}{A_{t-1}}\right)+\alpha_2\frac{PPE_t}{A_{t-1}} \tag{6.2}$$

$$DA_t=\frac{TACC_t}{A_{t-1}}-NDA_t \tag{6.3}$$

式(6.1)至式(6.3)中,$TACC_t$ 表示的是上市公司在时间期为 t 时总的应计利润,具体是由该公司当期的营业利润减去当期的与经营活动相关的现金流获得该指标;ΔREV_t 表示的是上市公司在时间期为 t 时的主营业务收入的变动,具体是由该公司当期的主营业务收入减去上一期的主营业务收入获得该指标;ΔREC_t 表示的是上市公司在时间期为 t 时的应收账款的变动,具体是由该公司当期的应收账款减去上一期的应收账款获得该指标;PPE_t 表示上市公司在时间期为 t 时,其资产负债表的固定资产价值;A_{t-1}表示上市公司在时间期为 $t-1$ 时其资产负债表上的总资产,其中,此处时间计量单位 t 以年计。

操控性应计利润的计算步骤为:利用琼斯模型的公式(6.1),将所有上市公司的相关数据代入其中,分别按照行业和时间 t 进行回归并提取出模型的主要系数 α_0、α_1 和 α_2 的值;将回归得到的系数特征值代入公式(6.2),会得到每一个上市公司对应的非操控性应计指标;将非操控性应计指标代入公式(6.3),最终得到的就是操控性应计,本书将其用 DA_t 进行度量,而上市公司透明度的衡量用的是 DA_t 的绝对值。

2)内部控制质量(ICQ)

以迪博内部控制指数作为企业内部控制的代理变量,该指数越大,公司内部控制质量越高(周美华、林斌和林东杰,2016)。我国已经形成了较为规范的内部控制规范体系,上市公司内部控制机制也已经基本建立并在逐步完善,现有对内部控制质量的指数度量除迪博指数外还有厦门大学陈汉文教授所编制的上市公司内部控制指数，但考虑到现有文献采用迪博居多、两者存在较大差异、迪博指数的数据编纂期与本书的研究样本期更加契合等几个原因，本书选取迪博内部控制指数作为内部控制质量的代理变量进行研究。迪博内部控制指数的编纂是严格按照COSO（1992、2004）的内部控制框架，并且采用的是纵向、横向相互结合的多位一体的测度方式，即实现了对横向的五大目标的实现、纵向的各种类型的纵向控制机制的动态互动实施的风险防控系统的总体测度。因而，在反映上市公司内部控制水平上具有权威性。

3）审计质量（AQ）

现有研究对审计质量的度量方式已经几乎形成共识：第一类，虚拟变量。即上市公司是否被具有权威性、有声誉的“十大”或“四大”会计师事务所审计；第二类，上市公司的审计收费。本书倾向的是连续性变量的度量，因此采用第二种度量方式对审计质量刻画。而且审计收费度量也要具备科学性：主要考虑的是成本与费用之间的正比例的关系，会计师事务所在对其所审计的上市公司出具审计鉴证报告前，需要做大量的审计工作和审计判断，甚至包括实地调研，中间会耗费大量的人力物力成本，而且审计并不会绝对地保证上市公司没有错误和风险，只会提供一定程度的保证，而在这个过程中耗费的人力物力成本越高，这种保证的程度也会越高（Dunne et al.，2000；肖作平，2006）。基于此，本书选取审计收费并取其自然对数作为审计质量的代理变量。

4）高管信息披露操纵倾向（IDMT）

本书借鉴权小锋（2016）的研究方法将高管信息披露操纵倾向引入以进一步分析机构投资者羊群行为对风险传染的影响。高管信息披露操纵倾向的划分为，若公司当年被证监会披露存在信息披露违规行为且予以处罚则表明公司高管存在信息披露操纵倾向，反之，公司高管不存在信息披露操纵倾向（表6－1）。

表 6-1　2007—2017 年证监会认定为存在信息披露违规的类型

序号	涉及信息披露的违规行为种类	涉及的处罚种类
1	未按时披露定期报告	公开致歉
2	未及时披露公司重大事项	公开谴责
3	信息披露虚假或严重误导性陈述	公开批评
4	业绩预测结果不准确或不及时	公开处罚
5		出具警示函
6		约见谈话
7		内部通报批评
8		要求提交书面承诺

数据来源：根据 CSMAR 数据库统计，统计软件为 stata14.0。

6.2.2　控制变量

为了剔除其他因素的干扰，借鉴已有文献（江轩宇，2016），本书加入以下控制变量：公司规模（size）、机构持股比例（ISR）、产权性质（SOE）、财务杠杆（LEV）、股权集中度（concen_equity）、两职合一（dual）、内部董事占比（inner_director）、CEO 任职年限（tenure）、投资者异质性（turnover）、成长性（MB）和盈利能力（ROA）。具体变量定义如表 6-2 所示。

表 6-2　变量定义与度量

变量名称	符号	度量方法
系统性风险传染	$\beta^{contagion}$	具体计算方法参见公式(3.1)、(3.2)、(3.3)、(3.4)、(3.5)、(3.6)、(3.7)、(3.8)、(3.9)、(3.14)、(3.15)、(3.16)
机构投资者羊群行为	herd_insti	具体计算方法参见公式(3.32)

（续表）

变量名称	符号	度量方法
买方羊群行为	herd_buy	计算方式参照机构投资者羊群行为的度量
卖方羊群行为	herd_sell	计算方式参照机构投资者羊群行为的度量
公司信息透明度	ABACC	具体计算方法参见公式(6.1)、(6.2)、(6.3)
内部控制质量	ICQ	迪博公司披露的内部控制指数
审计质量	AQ	具体计算方法参见公式
高管信息披露操纵倾向	IDMT	若公司当年被证监会披露存在信息披露违规行为之一，赋值为1，否则为0
有形信息	tangible	具体计算方法参见公式(4.2)、(4.3)、(4.4)、(4.5)、(4.6)
无形信息	intangible	具体计算方法参见公式(4.2)、(4.3)、(4.4)、(4.5)、(4.7)
公司规模	size	公司总资产的自然对数
产权性质	SOE	虚拟变量，若公司实际控制人为国有则为1，反之为0
高管薪酬	Pay	上市公司薪酬前三的高管薪酬总额的自然对数
机构持股占比	ISR	公司被机构所持有的比例
财务杠杆	LEV	总负债与总资产之比
股权集中度	concen_equity	公司第一大股东持股比例
两职合一	dual	董事长与总经理是否两职合一，若是取值为1，反之为0
内部董事占比	inner_director	公司内部董事人数与公司董事人数之比
CEO任职年限	tenure	以CEO的任职天数除以360天折算
投资者异质性	turnover	股票在当期的平均换手率
成长性	MB	市值账面比，公司市值与股东账面价值之比
盈利能力	ROA	本年度的净利润与上年度的总资产之比
股市周期	BULL	虚拟变量，如果股市处于牛市则为1，反之为0
行业分类	industry	行业虚拟变量
年度分类	year	年度虚拟变量

6.2.3 计量模型

借鉴 Pakes and Griliches(1984)、Griliches(1998)、Hu and Jefferson(2009)的研究方法，结合机构投资者羊群行为与个股承担的系统性风险传染的内在联系，构建如下计量模型。

(1)利用回归方程(6.4)研究机构投资者羊群行为与系统性风险传染的关系：

$$\beta_{i,t}^{\text{contagion}} = \alpha_0 + \alpha_1 \text{herd\_insti}_{i,t} + \chi_1 \text{control}_{i,t-1} + \chi_2 \text{ind}_i + \chi_3 \text{year}_t + \varepsilon_{i,t} \tag{6.4}$$

其中，$\beta_{i,t}^{\text{contagion}}$表示年度 t 时企业 i 的风险传染；$\text{herd_insti}_{i,t}$表示年度 t 时企业 i 的机构投资者羊群行为；$\text{control}_{i,t-1}$表示年度 $t-1$ 时企业 i 的控制变量序列；ind_i 表示企业 i 的行业虚拟变量序列；[①] year_t 表示年度 t 时的年度虚拟变量序列。

(2)利用回归方程(6.5)研究机构投资者羊群行为的买入行为和卖出行为与系统性风险传染的关系：

$$\beta_{i,t}^{\text{contagion}} = \alpha_0 + \alpha_1 \text{herd\_buy}_{i,t} + \alpha_2 \text{herd\_sell}_{i,t} + \chi_1 \text{control}_{i,t-1} + \chi_2 \text{ind}_i + \chi_3 \text{year}_t + \varepsilon_{i,t} \tag{6.5}$$

其中，$\text{herd_buy}_{i,t}$表示年度 t 时企业 i 面临的机构投资者买方羊群行为；$\text{herd_sell}_{i,t}$表示年度 t 时企业 i 面临的机构投资者卖方羊群行为。

(3)利用回归方程(6.6)研究公司信息透明度是否影响机构投资者羊群行为与系统性风险传染的关系：

$$\beta_{i,t}^{\text{contagion}} = \alpha_0 + \alpha_1 \text{herd\_insti}_{i,t} + \alpha_2 \text{ABACC}_{i,t} + \alpha_3 \text{herd\_insti}_{i,t} \times \text{ABACC}_{i,t} + \chi_1 \text{control}_{i,t-1} + \chi_2 \text{ind}_i + \chi_3 \text{year}_t + \varepsilon_{i,t} \tag{6.6}$$

---

① 中国各个行业的发展水平差异较大、发展潜力参差不齐，本书采用中国证监会公布的《上市公司行业分类指引》(2012 年修订)中的二级行业分类。

其中，$ABACC_{i,t}$表示年度t时企业i的公司信息透明度，$herd_insti_{i,t} \times ABACC_{i,t}$表示年度$t$时企业$i$的机构投资者羊群行为与公司信息透明度的交互项。

（4）利用回归方程（6.7）研究内部控制质量是否影响机构投资者羊群行为与系统性风险传染的关系：

$$\begin{aligned}\beta_{i,t}^{contagion} = & \alpha_0 + \alpha_1 herd\_insti_{i,t} + \alpha_2 ICQ_{i,t} \\ & + \alpha_3 herd\_insti_{i,t} \times ICQ_{i,t} \\ & + \chi_1 control_{i,t-1} + \chi_2 ind_i \\ & + \chi_3 year_t + \varepsilon_{i,t}\end{aligned} \tag{6.7}$$

其中，$ICQ_{i,t}$表示年度t时企业i的内部控制质量，$herd_insti_{i,t} \times ICQ_{i,t}$表示年度$t$时企业$i$的机构投资者羊群行为与企业内部控制质量的交互项。

（5）利用回归方程（6.8）研究审计质量是否影响机构投资者羊群行为与系统性风险传染的关系：

$$\begin{aligned}\beta_{i,t}^{contagion} = & \alpha_0 + \alpha_1 herd\_insti_{i,t} + \alpha_2 AQ_{i,t} \\ & + \alpha_3 herd\_insti_{i,t} \times AQ_{i,t} \\ & + \chi_1 control_{i,t-1} + \chi_2 ind_i \\ & + \chi_3 year_t + \varepsilon_{i,t}\end{aligned} \tag{6.8}$$

其中，$herd_insti_{i,t} \times AQ_{i,t}$表示年度$t$时企业$i$的机构投资者羊群行为与审计质量的交互项。

（6）利用回归方程（6.9）研究高管信息披露操纵倾向是否影响机构投资者羊群行为与系统性风险传染的关系：

$$\begin{aligned}\beta_{i,t}^{contagion} = & \alpha_0 + \alpha_1 herd\_insti_{i,t} + \alpha_2 IDMT_{i,t} \\ & + \alpha_3 herd\_insti_{i,t} \times IDMT_{i,t} \\ & + \chi_1 control_{i,t-1} + \chi_2 ind_i \\ & + \chi_3 year_t + \varepsilon_{i,t}\end{aligned} \tag{6.9}$$

其中，$IDMT_{i,t}$表示年度t时企业i是否存在高管信息披露操纵倾向，$herd\_insti_{i,t} \times IDMT_{i,t}$ 表示年度 t 时企业 i 的机构投资者羊群行为与高管信息披露操纵倾向的交互项。

(7)利用回归方程(6.10)研究有形信息和无形信息是否影响机构投资者羊群行为与系统性风险传染的关系：

$$\begin{aligned}\beta_{i,t}^{\text{contagion}} = & \alpha_0 + \alpha_1 herd\_insti_{i,t} + \alpha_2 tangible_{i,t} + \alpha_3 intangible_{i,t} \\ & + \alpha_4 herd\_insti_{i,t} \times tangible_{i,t} \\ & + \alpha_5 herd\_insti_{i,t} \times intangible_{i,t} \\ & + \chi_1 control_{i,t-1} + \chi_2 ind_i \\ & + \chi_3 year_t + \varepsilon_{i,t} \end{aligned} \tag{6.10}$$

其中，$tangible_{i,t}$ 表示年度 t 时企业 i 的有形信息含量指标，$intangible_{i,t}$ 表示年度 t 时企业 i 的无形信息含量指标，$herd\_insti_{i,t} \times tangible_{i,t}$ 表示年度 t 时企业 i 的机构投资者羊群行为与企业的有形信息含量的交互项，$herd\_insti_{i,t} \times intangible_{i,t}$ 表示年度 t 时企业 i 的机构投资者羊群行为与企业的无形信息含量的交互项。

6.3　样本选取与统计描述

6.3.1　数据来源

由于历史原因导致的股权分置是影响我国资本市场发展的“老大难”问题，因而国家在 2005 年开始全面推进股权分置的问题改革，到现在为止股权分置改革已经实行完毕，但不可否认其作为一项政策制度深刻地影响了企业内外部治理环境、竞争机制和运营业绩等的方方面面(陈胜蓝和卢锐，2012；陈信元和黄俊，2016)。而在本书的研究中要考虑这一问题对本书研究过程和结论带来的影响：①股权分置改革是由外部非市场机制作用的一种行政干预，突发性的政策影响会在短期造成股市崩盘风险的上升(袁鲲等，2014)；②股权分置改革在某种程度上使现金股利波动性加大，股利的信号传递效用会改变投资者的行为偏好(陈名芹等，2017)。

从股改推行开始截至2006年末，我国A股上市公司已经基本完成了股权分置改革的任务。此外，宏观经济的走势，社会、政治环境的变动，财政、金融政策的变化以及上市公司的业绩和经营行为都会影响股票市场的预期和涨落，形成“牛”“熊”周期(DeLong，1992；Siegel，1998)。市场参与者在“牛市”阶段和“熊市”阶段的行为具有差异性，例如何兴强和李涛(2007)从反应过度、反应不足的角度论证了不同市场态势下收益率波动的非对称特点；肖峻(2013)指出，“牛市”期间投资者热衷于追逐公司业绩而“熊市”期间投资者倾向于忽视公司业绩。

鉴于此，本书将样本区间设定为2007年初至2017年末。因截至2006年末，沪深两市基本完成股改，仅有几支股票没有完成，而且包含了较为完整的“牛”“熊”周期，所以本书将样本的个体范围设定为中国股票市场上的所有企业，并对初始数据进行如下处理：①剔除不满足连续24个交易月度的样本，这是由于在计算系统风险传染指标过程中需要采用普通最小二乘法通过滚动回归24个月得到样本估计值的标准误进而计算后验估计值的收缩权重；②剔除金融类上市企业，这是由于金融类上市公司实际经营业务与财务指标口径与非金融类企业存在较为明显的不一致；③剔除ST、*ST、PT类上市企业，这是由于该类企业存在经营业务异常，干扰项较多；④剔除截至2006年末仍然没有完成股权分置改革的上市公司；⑤剔除企业IPO后一个季度的时间，这是由于在中国股市，IPO公司通常面临价格泡沫、业绩变脸、股价与其真实业绩脱离等问题，而现有文献试图从政府管制、投资者理性以及第三方媒体等视角对这一问题的成因进行阐述，得出的结论纷繁复杂，难以定论，因而为了控制研究样本的纯净，特对IPO后一个季度的交易样本予以剔除；⑥剔除同一时期内给出的证券分析师预测少于5份的样本；⑦剔除数据缺失的样本。其余所有变量以及各变量计算过程中所涉及的公司治理数据、公司财务数据、机构投资者持仓数据等都获取自国泰安数据库和万德数据终端数据库。同时，在数据处理过程中为了使数据更为精准地测度对应指标，对所有涉及的连续型变量进行了剔除异常值影响的缩尾处理。为了控制潜在的组内自相关问题，借鉴 Petersen(2009)的方法，在所有回归方程中均进行聚类稳健标准误 cluster 处理。

6.3.2　描述性统计

1)主要变量的描述性统计

表 6-3 列示了相关变量的描述性统计。可以发现：通过股票价格反映的个股承担的系统性风险传染指标($\beta^{contagion}$)的均值为 0.468，最小值为 0.209，最大值为 0.950，表明系统性风险传染是企业承担的系统性风险的重要组成部分，标准差为 1.613，表明该样本数据具有较好的离散度(此外，不同章节的描述性统计仅仅列出与本章内容相关的调节变量，考虑到缺失值的影响和数据处理流程的不同，与之相应的样本量也会不同)；衡量机构投资者羊群行为的指标为 herd_insti(该指标采用季度持仓数据计算)，在表 6-3 对整体变量的描述性统计中可以看出，机构投资者羊群行为指标的均值为 0.338、标准差为 0.165，最小值和最大值分别为 0 和 0.923，从整体来看机构投资者羊群行为的分布较为均匀且具有较好的差异性；调节变量，信息透明度(ABACC)的均值为 0.069，标准差为 0.184，最小值为 0.000(保留三位小数后的值，并不是严格等于 0)，最大值为 15.583，可以看出我国上市公司信息透明度程度指标除了极端值外分布较为均衡，内部控制质量(ICQ)指标的均值为 6.691，我国上市公司内部控制质量整体较高，其中最小值为 2.194，最大值为 9.954，标准差为 0.876，说明我国上市公司内部控制质量的分布也是较为均匀的，审计质量(AQ)的均值为 13.586，说明我国上市公司的外部审计质量整体较高，其中审计质量的最小值为 9.210，最大值为 19.636，标准差为 0.822，这表明我国上市公司整体面临的外部审计质量分布较为均匀，高管信息披露操纵倾向(IDMT)的均值为 0.022，最小值和最大值分别为 0 和 1，这表明在我国上市公司样本中存在高管信息披露操纵倾向的公司占总样本的

2.2%；其他控制变量中，公司规模（size）变量的均值为21.937，最小值为15.571，最大值为28.319，表明选取的上市公司样本规模分布均匀，产权性质（SOE）的均值为0.518，最小值和最大值分别为0和1，表明上市公司样本中国有企业和非国有企业比例是相当的，财务杠杆指标（LEV）的均值为0.527，最小值和最大值分别为0.056和0.960，可见我国上市公司样本中负债率的跨度较大，同时该指标的标准差为0.189，表明该指标分布具有差异性，此外，股权集中度指标（concen_equity）、两职合一指标（dual）、内部董事占比指标（inner_director）和CEO任职年限指标（tenure）等控制变量均分布均匀且具有良好的差异性，此处不再赘述。

表6-3　描述性统计

变量	样本量	均值	标准差	最小值	最大值
$\beta^{contagion}$	14 022	0.468	1.613	0.209	0.950
herd_insti	14 022	0.338	0.165	0.000	0.923
ABACC	14 022	0.069	0.184	0.000	15.583
ICQ	14 022	6.691	0.876	2.194	9.954
AQ	14 022	0.954	0.210	0.000	1.000
IDMT	14 022	0.022	0.146	0.000	1.000
size	14 022	21.937	1.160	15.571	28.319
SOE	14 022	0.518	0.406	0.000	1.000
ISR	14 022	0.127	0.238	0.000	0.472
LEV	14 022	0.527	0.189	0.056	0.960
Pay	14 022	14.513	0.696	10.301	17.406
concen_equity	14 022	0.865	0.813	0.000	8.063
dual	14 022	1.238	0.426	1.000	2.000
inner_director	14 022	0.630	0.054	0.200	0.909
tenure	14 022	4.111	3.244	0.003	24.920
turnover	14 022	3.151	1.992	1.694	4.129

（续表）

变量	样本量	均值	标准差	最小值	最大值
MB	14 022	0.073	0.055	0.037	0.099
ROA	14 022	0.028	0.064	−0.270	0.191

2)机构投资者羊群行为(herd_insti)的年度分组描述性统计

为了进一步分析机构投资者羊群行为指标，将 herd_insti 按照各年度进行统计描述，见表 6－4 机构投资者羊群行为年度分组描述性统计。通过观察可以看出机构投资者羊群行为指标随着各个年份的变化具有显著的差异性：2008 年是机构投资者羊群行为的一个“峰值”期(2007 年机构投资者羊群行为指标均值为 0.291，2008 年该指标为 0.331，2009 年该指标的均值为 0.314)，随后机构投资者羊群行为指标走低，而从 2011 年开始持续升高(2011 年 herd_insti 的均值为 0.306，2012 年 herd_insti 的均值为 0.320，2013 年 herd_insti 的均值为 0.331，2014 年 herd_insti 的均值为 0.347)，到 2015 年 herd_insti 的均值已经上升到 0.370，这恰好在 2016 年的“股灾”之前。可见，无论是 2008 年的金融危机期还是 2016 年的“股灾”，机构投资者羊群行为在其中表现出了显著的差异性。因而，初步推测机构投资者羊群行为受宏观环境的影响较大。

表 6－4　机构投资者羊群行为年度分组描述性统计表

年份	变量	均值	标准差	最小值	最大值
2007 年	herd_insti	0.291	0.187	0	0.833
2008 年	herd_insti	0.331	0.196	0	0.912
2009 年	herd_insti	0.314	0.190	0	0.923
2010 年	herd_insti	0.318	0.161	0	0.765
2011 年	herd_sell	0.306	0.167	0	0.895
2012 年	herd_insti	0.320	0.173	0	0.800
2013 年	herd_insti	0.331	0.168	0	0.875

（续表）

年份	变量	均值	标准差	最小值	最大值
2014 年	herd_insti	0.347	0.164	0	0.842
2015 年	herd_insti	0.370	0.156	0	0.800
2016 年	herd_sell	0.344	0.153	0	0.823
2017 年	herd_sell	0.353	0.155	0	0.778

6.3.3 机构投资者羊群行为的持续性研究

本书利用转移概率矩阵考察机构投资者羊群行为是否具有持续性[此处机构投资者羊群行为指标的计算时间频率为季，这主要考虑到机构投资者披露前十大重仓股数据时是按季进行的，因此为了更好地比对指标在时间上是否具有连续性，此处按季计算羊群行为指标，其具体的计算方法同公式(3.19)所示]，换句话说，当前机构投资者羊群行为较强的公司是否在未来其羊群行为也较强，当前机构投资者羊群行为较弱的公司是否在未来其羊群行为也较弱。首先，将每个季度的机构投资者羊群行为的度量指标按照从小到大的顺序进行排列并等分为 10 组；接着，计算当前组合在 3 个月之后、6 个月之后和 12 个月之后转变为其他组合的概率分布，分别对应于表 6－5 的 panel A、panel B 和 panel C。由表 6－5 可得，机构投资者的羊群行为呈现出明显的持续性，以 panel A 为例，当前羊群行为最强的组合有 32.0%的概率在 3 个月之后依旧处于羊群行为最强的组合中，当前羊群行为最弱的组合有 30.1%的概率在 3 个月之后依旧处于羊群行为最弱的组合中，这远远超出了随机概率分布的 10%。进一步观察可以发现，机构投资者的羊群行为的持续性随着时间的推移不断降低，但是在 12 个月之后依旧较为明显，这表明先手机构投资者和后手机构投资者保持序列稳定性。

表 6-5　基于转移概率矩阵的机构投资者羊群行为持续性

		later group									
	quantile	$Q1$	$Q2$	$Q3$	$Q4$	$Q5$	$Q6$	$Q7$	$Q8$	$Q9$	$Q10$
panel A：3 个月持有期下的转移概率矩阵											
current group	$Q1$	0.32	0.18	0.105	0.089	0.05	0.067	0.05	0.044	0.042	0.053
	$Q2$	0.161	0.198	0.085	0.1	0.08	0.085	0.118	0.075	0.02	0.078
	$Q3$	0.135	0.097	0.172	0.12	0.11	0.086	0.104	0.071	0.045	0.06
	$Q4$	0.082	0.102	0.119	0.151	0.116	0.1	0.113	0.054	0.09	0.073
	$Q5$	0.083	0.089	0.099	0.121	0.154	0.107	0.113	0.106	0.102	0.026
	$Q6$	0.061	0.077	0.088	0.096	0.134	0.164	0.12	0.106	0.107	0.047
	$Q7$	0.047	0.066	0.093	0.106	0.11	0.123	0.128	0.119	0.115	0.093
	$Q8$	0.043	0.077	0.085	0.092	0.097	0.104	0.08	0.164	0.145	0.113
	$Q9$	0.04	0.054	0.07	0.07	0.098	0.093	0.121	0.117	0.181	0.156
	$Q10$	0.028	0.06	0.084	0.055	0.051	0.071	0.053	0.144	0.153	0.301
panel B:6 个月持有期下的转移概率矩阵											
current group	$Q1$	0.276	0.181	0.148	0.095	0.051	0.069	0.05	0.049	0.042	0.039
	$Q2$	0.187	0.181	0.139	0.113	0.085	0.087	0.08	0.059	0.034	0.035
	$Q3$	0.118	0.121	0.165	0.123	0.094	0.088	0.094	0.075	0.076	0.046
	$Q4$	0.081	0.112	0.114	0.145	0.12	0.103	0.083	0.087	0.073	0.082
	$Q5$	0.06	0.09	0.079	0.091	0.154	0.113	0.102	0.106	0.099	0.106
	$Q6$	0.059	0.077	0.069	0.1	0.124	0.142	0.112	0.111	0.106	0.1
	$Q7$	0.075	0.067	0.07	0.109	0.109	0.115	0.153	0.12	0.092	0.09
	$Q8$	0.04	0.077	0.086	0.092	0.094	0.113	0.127	0.135	0.141	0.095
	$Q9$	0.048	0.063	0.074	0.077	0.103	0.079	0.105	0.111	0.169	0.171
	$Q10$	0.056	0.031	0.056	0.055	0.066	0.091	0.094	0.147	0.168	0.236
panel C:12 个月持有期下的转移概率矩阵											
current group	$Q1$	0.226	0.162	0.138	0.092	0.092	0.082	0.062	0.067	0.045	0.034
	$Q2$	0.168	0.17	0.124	0.109	0.093	0.082	0.073	0.071	0.067	0.043
	$Q3$	0.156	0.1	0.148	0.121	0.103	0.098	0.098	0.083	0.071	0.022
	$Q4$	0.104	0.102	0.098	0.118	0.096	0.109	0.099	0.102	0.086	0.086
	$Q5$	0.079	0.099	0.093	0.122	0.116	0.093	0.113	0.099	0.095	0.091

（续表）

		later group									
	quantile	$Q1$	$Q2$	$Q3$	$Q4$	$Q5$	$Q6$	$Q7$	$Q8$	$Q9$	$Q10$
current group	$Q6$	0.059	0.075	0.094	0.114	0.11	0.097	0.112	0.098	0.103	0.138
	$Q7$	0.059	0.084	0.087	0.101	0.116	0.117	0.104	0.123	0.105	0.104
	$Q8$	0.051	0.076	0.069	0.082	0.102	0.107	0.131	0.124	0.117	0.141
	$Q9$	0.047	0.062	0.067	0.079	0.08	0.112	0.116	0.102	0.178	0.157
	$Q10$	0.051	0.07	0.082	0.062	0.092	0.103	0.092	0.131	0.133	0.184

注：$Q1$ 为最低组，$Q10$ 为最高组。

6.4 实证分析

6.4.1 基于分组下的机构投资者羊群行为与系统性风险传染

本书考察基于分组下的机构投资者羊群行为与系统性风险传染之间的关系：首先，将每个年度的股票按照所承载的系统性风险传染（$\beta^{\text{contagion}}$）从低到高进行排序并等分为 10 组；其次，计算每个组合所有企业在当年年度的机构投资者羊群行为的简单算术平均；再次，计算每个组合在当年年度系统性风险传染指标的简单算术平均；最后，对每个组合的机构投资者羊群行为的序列进行 Newey-West 稳健标准误调整后的均值 t 检验。由表 6－6 可得，随着机构投资者羊群行为的变大，企业所承担的系统性风险传染均呈现上升趋势，机构投资者羊群行为最多的企业组合 $Q10$ 所对应的个股承担的系统性风险传染指标要显著高于承担机构投资者羊群行为最少的企业组合 $Q1$。这意味着，企业所承担的系统性风险传染与机构投资者羊群行为之间可能均存在着正相关关系，进一步的论证还需要通过回归分析检验。

表 6 - 6　基于分组下的机构投资者羊群行为与系统性风险传染

分位点(herd_insti)	$\beta^{contagion}$
$Q1$	1.363
$Q2$	1.368
$Q3$	1.369
$Q4$	1.375
$Q5$	1.378
$Q6$	1.379
$Q7$	1.382
$Q8$	1.391
$Q9$	1.41
$Q10$	1.427
$Q10-Q1$	−0.064 *** (−4.52)

注：括号内为经 Newey-West 稳健标准误调整后的 t 值；***、**、* 分别表示 1%、5%、10%的显著性水平。

6.4.2　机构投资者羊群行为与系统性风险传染的回归分析

表 6 - 7 给出了机构投资者羊群行为与系统性风险传染的固定效应估计结果。在上述估计方程中本书还加入了年度虚拟控制变量和行业虚拟控制变量，以分别控制这两个因素在回归分析中的影响，同时还借鉴 Petersen(2009)对回归方程中的标准误进行了个股层面的聚类处理，控制了回归中涉及到的组内自相关性。可以看出，机构投资者羊群行为显著增加了个股承担的系统性风险传染，而且无论是在加入控制变量序列之前还是之后均呈现显著的正相关关系，这在一定程度上保证了回归结果的稳健性。以上结果支持了“假设 H2”，即：机构投资者羊群行为加剧了个股承担的系统性风险传染。

此外，企业规模(size)与个股承担的系统性风险传染呈正相关关系，表明规模越大的企业受整个市场价格波动的影响也较大；产权性质(SOE)与个股承担的系统性风险传染呈正相关关系，表明我国国有企业承担着更大的系统性风险传染，一方面我国国有企业在系统重要性行业权重占比较高，另一方面，国有企业面临高杠杆、去产能等转型升级问题，这导致其承担着较高的系统性风险传染；资产负债率(LEV)与企业承担的系统性风险传染呈正相关关系，说明了还债压力较大的企业承担着更大的系统性风险传染，这也与资产负债率高是加剧系统性金融风险的结论相呼应；股权集中度(concen_equity)与系统性风险传染呈正相关关系，即，股权集中度越高的企业所承担的系统性风险越高，这可能与股权集中较高的企业管理层权力越大进而加剧公司与市场的信息不透明有关，进而导致股权集中度高的企业承担着较高的系统性风险传染；董事长与总经理是否两职合一(dual)与系统性风险传染呈正相关关系，表明管理层权力越大，公司承担的系统性风险传染越大；CEO的任职年限(tenure)与系统性风险传染呈正相关关系，同样，表明公司管理层在职时间越长，公司承担越大的系统性风险传染；公司内部董事人数与公司董事人数之比(inner_director)并没有表现出明显的显著性，这可能是公司内部董事制度的“花瓶效应”的一种体现；个股的换手率(turnover)与系统性风险传染呈正相关关系，表明被频繁买进卖出的企业承担着更高的系统性风险传染，这与Lipson and Puckett(2007)的研究相符；公司的成长性(MB)与系统性风险传染呈正相关关系，表明越是成长中的企业，承担的系统性风险传染越高。

表6-7 机构投资者羊群行为与系统性风险传染

	$\beta^{contagion}$	
	(1)	(2)
herd_insti	0.063 * (1.98)	0.061 ** (2.18)

（续表）

	$\beta^{contagion}$	
	(1)	(2)
size		1.010 ** (5.76)
SOE		0.017 *** (4.10)
ISR		0.023 (1.04)
LEV		0.035 (1.70)
Pay		2.245 * (1.82)
concen_equity		0.007 * (1.81)
dual		0.078 ** (2.27)
inner_director		−0.021 (−0.09)
tenure		0.008 (0.94)
turnover		0.043 *** (4.83)
MB		0.024 * (1.96)
ROA		−0.042 * (−1.88)
ind/year	yes	yes
cluster at firm	yes	yes
Hausman-test	44.65 ***	63.27 ***
N	14 022	14 022

（续表）

	$\beta^{contagion}$	
	(1)	(2)
R^2	0.205	0.447

注：括号内为经 White 稳健标准误调整后的 t 值；***、**、* 分别表示 1%、5%、10%的显著性水平。

第7章

对机构投资者羊群行为的进一步分析

本章内容承接第6章的理论分析和模型方法，主要对机构投资者羊群行为对系统性风险传染之间影响机理进行实证分析和稳健性检验。内容安排如下：分析公司信息透明度、内部控制质量、审计质量、高管信息披露操纵倾向对机构投资者羊群行为与系统性风险传染之间关系的影响；稳健性检验部分，针对第6、7章实证分析的所得结果进行相应的稳健性检验。

7.1 机理分析

本书加入公司信息透明度、内部控制质量、审计质量、高管信息披露操纵倾向的交互项以分别考察机构投资者关注的与上市公司治理相关的公司披露的信息是否透明、上市公司的内部控制质量是否较高、公司是否具有客观公正的外部监督约束以及上市公司的高管是否具有徇私舞弊的操纵信息的可能等对机构投资者羊群行为和系统性风险传染之间的正向关系具有怎样的影响。为了保证交互项的经济学含义以及避免多重共线性的影响，我们对其进行了中心化处理。

由表7-1可得如下的结果及其对假设的支持。

表 7-1 调节作用：公司信息透明度、内部控制质量、审计质量和高管信息披露操纵倾向

	$\beta^{contagion}$			
	公司信息透明度(1)	内部控制质量(2)	审计质量(3)	高管信息披露操纵倾向(4)
herd_insti	0.067 ** (2.21)	0.058 *** (3.03)	0.047 ** (1.93)	0.052 ** (2.07)
ABACC	−0.007 *** (−3.08)			
herd_insti×ABACC	−0.001 * (−1.94)			
IC		−0.356 ** (−2.13)		
herd_insti×IC		−0.015 * (−1.78)		
AQ			−0.006 ** (−2.15)	
herd_insti×AQ			−0.001 ** (−2.05)	
IDMT				0.014 * (1.81)
herd_insti×IDMT				0.002 * (1.74)
control	yes	yes	yes	yes
ind/year	yes	yes	yes	yes
cluster at firm	yes	yes	yes	yes
Hausman-test	54.87 ***	51.62 ***	69.31 ***	56.94 ***
N	14 022	14 022	14 022	14 022
R^2	0.116	0.305	0.143	0.259

注：括号内为经 White 稳健标准误调整后的 t 值；***、**、* 分别表示 1%、5%、10%的显著性水平。

(1)结果显示信息透明度越高,羊群行为与个股承担的系统性风险传染的正向关系越弱。此处所讲的信息透明度侧重于会计信息的透明度,而公司会计信息是否透明与潜在投资者息息相关,根据巴塞尔协会在1998年对会计信息透明度的定义可以看出,高透明度的会计信息为投资者提供一种透过"现象"看"本质"的视角,而机构投资者作为资本市场上的重要投资主体,信息透明度理应是其关注的重要内容。实证分析结果显示,信息透明度大大降低了机构投资者羊群行为加剧个股承担的系统性风险传染的程度,这表明提高企业会计信息透明度使资本市场上信息风险减弱、信息效率提升,进而使机构投资者的行为产生一种"理性回归"效应,大大降低了机构投资者羊群行为加剧系统性风险传染的效果。此外,这一结果支持了本书的"假设 H2a",即:信息透明度越高,羊群行为与个股承担的系统性风险传染的正向关系越弱。

(2)结果显示内部控制质量越高,羊群行为与个股承担的系统性风险传染的正向关系越弱。高质量的内部控制不仅代表企业具有较高的风险管控能力,同时也反映了上市公司较高的治理水平。内部控制自从被引入企业以来,在防范提升企业经营效率、企业内部腐败和保证企业信息质量等方面都发挥着有力的作用,但是在风险防控方面,企业内部控制不仅具有防控企业"一域"还具有防控资本市场"全局"风险的功效,研究(张向丽和池国华,2018)发现内部控制质量越高的企业,其所面临被机构投资者羊群行为的程度越弱,可见内部控制所承担的作用超出了监管层的期许。表7-1的结果表明,内部控制质量越高,机构投资者羊群行为加剧系统性风险传染的作用减弱,可见内部控制通过降低企业内外部信息不对称,疏通机构投资者和上市公司系统性风险传染中的信息渠道,进而降低了个股承担的系统性风险传染,再次表明了内部控制在防范风险方面中的"多面手"角色。因而,这一结果支持了本书的"假设 H2b",即:内部控制质量越高,羊群行为与个股承担的系统性风险传染的正向关系越弱。

(3)结果显示审计质量越高,羊群行为与个股承担的系统性风险传染的正向关系越弱。两权分离以来，股东和管理层之间的信息不对称问题成为学术界研究的经典问题，围绕如何缓解这一信息不对称性，理论界和实务界展开了多方讨论和实践，引入外部监督被认为是缓解这一问题的有效途径。外部审计作为一种独立的第三方监督，在保证会计信息质量、缓解公司外部信息不对称等方面发挥着重要作用。已有研究（王帅文，2018）表明注册会计师审计质量的提高能够有效减缓各股面临机构投资者羊群行为的程度，因而高质量的审计在羊群行为与个股承担的系统性风险传染的关系中应具有关键影响。结果显示，审计质量越高，机构投资者羊群行为与企业承担的系统性风险的关系越弱，这表明代表外部监督的外部审计具有通过降低企业内外部信息不对称，疏通机构投资者和上市公司系统性风险传染中的信息渠道，进而降低了个股承担的系统性风险传染的作用，这与内部审计在其中扮演的角色类似，再次表明了内部控制和外部审计不仅在公司治理中的互补作用，在资本市场风险防控中的具有同样的治理效应“溢出”。这一结果支持了本书的“假设 H2c”，即：审计质量越高，羊群行为与个股承担的系统性风险传染的正向关系越弱。

（4）结果显示存在高管信息披露操纵倾向的公司，羊群行为与个股承担的系统性风险传染的正向关系越强。两权分离带来的信息不对称同样衍生出了一个重要的问题——管理层监督，高管作为上市公司的“掌舵者”，其权力一旦没有必要的约束，“理性人”的属性会促使高管做出种种谋取私利的行为，信息的披露操纵是高管谋取私人利益的“重灾区”，研究发现高管会出于“掏空”公司资源、政治晋升等目的出现隐藏坏消息、提前发布好消息或者拖延信息的正常披露时间等行为，高管此种行为被表述为高管信息披露的操纵倾向。上述结果表明，相较于不存在高管信息披露操纵倾向的公司，存在高管信息披露操纵倾向的公司，羊群行为与个股承担的系统性风险传染的正向关系越强。表明高管信息披露的操纵倾向，导致出现过于集中的好消息的集结或集中释放，“破坏”了企业的信息传递渠道，进而加剧了机构投资者羊群行为对企业承担的系统性风险的促进后果。可见这一结果支持了本书的“假设 H2c”，即：存在高管信息披露操纵倾向的公司，羊群行为与个股承担的系统性风险传染的正向关系越强。

7.2　买方羊群行为和卖方羊群行为

实际上机构投资者羊群行为存在方向上的区别，即买方羊群行为和卖方羊群行为。买方羊群行为指机构投资者模仿他人做出买入决策的行为，卖方羊群行为指机构投资者模仿他人做出卖出决策的行为，受制于资本市场交易制度、投资者结构等外部环境的影响，最终导致机构投资者出现买方羊群行为和卖方羊群行为的原因以及带来的市场反应存在一定差别（Wermers，1999；许年行，2013）。因此，为了深入分析机构投资者两类羊群行为在与系统性风险传染关系中的差异性，对这两类羊群行为展开了单独研究。实证分析结果显示，无论是机构投资者买方羊群行为还是机构投资者卖方羊群行为都与系统性风险传染是正相关的关系，再一次表明机构投资者羊群行为加剧了个股承担的系统性风险传染。同时，结果还显示，相较于机构投资者的买方羊群行为，机构投资者的卖方羊群行为加剧个股承担的系统性风险传染的作用更强，表明机构投资者对个股的卖出羊群更能加剧企业承担的系统性风险传染。该结果出现的原因可能是相较于在机构投资者在买入股票时的羊群行为，其在卖出股票时的羊群行为更加明显，而这一行为深层次的原因可能和我国资本市场不完善的卖空机制、机构投资者“逐利”和“止损”心理的非对称性具有一定的关系。

表 7－2　机构投资者羊群行为与系统性风险传染：买方羊群行为与卖方羊群行为

买方羊群行为	$\beta^{contagion}$			
	（1）	（2）	（3）	（4）
herd_insti	0.053 **	0.047 ***	0.041 **	0.049 **
	（2.06）	（3.37）	（1.88）	（2.20）

（续表）

买方羊群行为	$\beta^{contagion}$			
	(1)	(2)	(3)	(4)
ABACC	−0.002 *** (−3.39)			
herd_insti×ABACC	−0.002 ** (−2.07)			
IC		−0.268 ** (−2.33)		
herd_insti×IC		−0.040 ** (−2.44)		
AQ			−0.059 * (−1.76)	
herd_insti×AQ			−0.003 ** (−2.05)	
IDMT				0.009 * (1.77)
herd_insti×IDMT				0.003 * (1.80)
control	yes	yes	yes	yes
ind/year	yes	yes	yes	yes
cluster at firm	yes	yes	yes	yes
Hausman-test	54.48 ***	43.15 ***	40.50 ***	40.26 ***
N	7 546	7 546	7 546	7 546
R^2	0.103	0.178	0.171	0.215
herd_insti	0.042 ** (2.24)	0.039 *** (2.69)	0.037 ** (1.86)	0.038 ** (2.09)

（续表）

卖方羊群行为	$\beta^{contagion}$			
	(1)	(2)	(3)	(4)
ABACC	−0.013 *** (−3.18)			
herd_insti×ABACC	−0.001 ** (−2.17)			
IC		−0.219 ** (−2.29)		
herd_insti×IC		−0.014 * (−1.83)		
AQ			−0.005 ** (−1.91)	
herd_insti×AQ			−0.001 ** (−2.11)	
IDMT				0.015 ** (2.01)
herd_insti×IDMT				0.003 * (1.82)
control	yes	yes	yes	yes
ind/year	yes	yes	yes	yes
cluster at firm	yes	yes	yes	yes
Hausman-test	47.46 ***	51.92 ***	41.77 ***	43.37 ***
N	6 476	6 476	6 476	6 476
R^2	0.268	0.165	0.135	0.114

注：括号内为经 White 稳健标准误调整后的 t 值；***、**、* 分别表示 1%、5%、10%的显著性水平。

7.3 稳健性检验

7.3.1 股市牛熊周期的稳健性检验

宏观经济的走势，社会、政治环境的变动，财政、金融政策的变化以及上市公司的业绩和经营行为都会影响股票市场的预期和涨落，形成“牛”“熊”周期(DeLong，1992；Siegel，1998)。研究发现，“牛市”阶段和“熊市”阶段在资本市场上对信息的反映效率呈现不平衡性(陆蓉和徐龙炳，2004；何兴强和李涛，2007)。通过对机构投资者羊群行为指标的初步描述性统计分析，也可以看出股市的“牛”“熊”周期内机构投资者羊群行为具有实质性的差别。此外，本书研究的一个重要内容是个股承担的系统性风险传染，这与资本市场的股票价格有着密切的关系，而且个股价格是资本市场研究中经久不衰的内容，与宏观经济环境联系紧密，因而，受宏观经济走势影响的股市的“牛”“熊”周期可能对本书的研究结论具有一定的影响。因此，有必要针对样本区间内的“牛市”和“熊市”进行子样本回归。

“牛”“熊”周期的具体划分方式如下：鉴于本书回归方程的样本频率为年度，因此我们采用经流通市值加权的上证A股指数年收盘价判断对应年度的“牛”“熊”状态。划分结果如下，“牛市”阶段：2007年、2009年、2012年、2014年、2015年、2017年；“熊市”阶段：2008年、2010年、2011年、2013年、2016年。受限于子样本的数据量和时间跨度，以及避免自由度的大量损失，我们去除了年度控制变量序列和行业控制变量序列并采用Pool-OLS估计。表7-3列示了机构投资者羊群行为与系统性风险传染之间的关系的稳健性检验结果，股票市场的“牛”“熊”周期没有影响本书的主要结论：机构投资者羊群行为加剧了个股承担的系统性风险传染；信息透明度越高，羊群行为与个股承担的系统性风险传染的正向关系越弱；内部控制质量越高，羊群行为与个股承担的系统性风险传染的正向关系越弱；审计质量越高，羊群行为与个股承担的系统性风险传染的正向关系越弱；存在高管信息披露操纵倾向的公司，羊群行为与个股承担的系统性风险传染的正向关系越强。

表 7－3　股市牛熊周期的稳健性检验

牛市	$\beta^{contagion}$			
	(1)	(2)	(3)	(4)
herd_insti	0.062 ** (2.29)	0.041 *** (3.08)	0.060 ** (1.98)	0.038 ** (2.34)
ABACC	−0.006 *** (−2.63)			
herd_insti×ABACC	−0.002 ** (−1.99)			
IC		−0.313 ** (−2.42)		
herd_insti×IC		−0.019 * (−1.89)		
AQ			−0.005 ** (−2.22)	
herd_insti×AQ			−0.002 ** (−2.35)	
IDMT				0.017 * (1.86)
herd_insti×IDMT				0.003 * (1.77)
control	yes	yes	yes	yes
ind/year	yes	yes	yes	yes
cluster at firm	yes	yes	yes	yes
Hausman-test	48.54 ***	51.54 ***	46.66 ***	51.33 ***
R^2	0.187	0.165	0.213	0.207
N	7 861	7 861	7 861	7 861

（续表）

熊市	$\beta^{contagion}$			
	(1)	(2)	(3)	(4)
herd_insti	0.051 *** (2.85)	0.030 *** (2.82)	0.043 ** (2.25)	0.045 ** (2.31)
ABACC	−0.005 *** (−3.08)			
herd_insti×ABACC	−0.001 ** (−2.16)			
IC		−0.345 ** (−1.92)		
herd_insti×IC		−0.016 * (−2.32)		
AQ			−0.008 ** (−2.29)	
herd_insti×AQ			−0.001 * (−1.82)	
IDMT				0.017 * (1.86)
herd_insti×IDMT				0.003 * (1.83)
control	yes	yes	yes	yes
ind/year	yes	yes	yes	yes
cluster at firm	yes	yes	yes	yes
Hausman-test	53.49 ***	45.99 ***	46.29 ***	54.16 ***
N	6 161	6 161	6 161	6 161
R^2	0.186	0.144	0.137	0.213

注：括号内为经 White 稳健标准误调整后的 t 值；***、**、* 分别表示 1%、5%、10%的显著性水平。

7.3.2　Heckman 两阶段的控制内生性的稳健性检验

将机构投资者羊群行为以中位数为分界点划分为高低两组，并设置机构投资者羊群行为虚拟变量 $\text{herd\_high}_{i,t}$，如果 i 公司在 t 期的机构投资者羊群行为值大于当期中位数，则赋值为 1，否则为 0。构建模型式(7.1)进行检验。

$$\begin{aligned}\beta_{i,t}^{\text{contagion}} = & \alpha_0 + \alpha_1 \text{herd\_high}_{i,t} + \alpha_2 \text{social\_attention}_{i,t} \\ & + \alpha_3 \text{herd\_analyst}_{i,t} \times \text{social\_attention}_{i,t} \\ & + \chi_1 \text{control}_{i,t-1} + \chi_2 \text{ind}_i \\ & + \chi_3 \text{year}_t + \varepsilon_{i,t} \end{aligned} \tag{7.1}$$

在公式(7.1)中，α_1 表示羊群行为对风险传染的影响。考虑到没有检测到羊群行为的机构投资者的行为难以测度，因而样本选择时选取的机构投资者羊群行为指标可能存在自选择偏误问题，因而为了控制该自选择偏误带来的内生问题对研究结论的影响，本书拟采用 Heckman 两阶段回归模型，构建一阶段 Probit 具体模型见公式(7.2)。

$$\begin{aligned}\text{herd\_high}_{i,t} = & a + g_1 \times \text{size\_1}_{i,t} + g_2 \times \text{fsize\_1}_{i,t} + g_3 \times \text{age\_1}_{i,t} \\ & + g_4 \times \text{flow\_1}_{i,t} + g_5 \times \text{tover\_1}_{i,t} + g_6 \times \text{num\_1}_{i,t} \\ & + g_7 \times \text{divd\_1}_{i,t} + g_8 \times \text{gender\_1}_{i,t} \\ & + \sum (g_n \times \text{year}) + \sum (g_m \times \text{industry}) + \varepsilon_{i,t} \end{aligned} \tag{7.2}$$

在公式(5.12)中，$\text{size\_1}_{i,t}$ 为公司 i 在 t 期被持有的前十大机构投资者的公司净值总额；$\text{fsize\_1}_{i,t}$ 为公司 i 在 t 期被持有的前十大机构投资者家族规模的总额；$\text{age\_1}_{i,t}$ 为公司 i 在 t 期被持有的前十大机构投资者的成立时间的均值；$\text{flow\_1}_{i,t}$ 为公司 i 在 t 期被持有的前十大机构投资者的资金流动比率均值；$\text{tover\_1}_{i,t}$ 为公司 i 在 t 期被持有的前十大机构投资者的换手率均值；$\text{num\_1}_{i,t}$ 为公司 i 在 t 期被持有的前十大机构投资者的分红次数均值；$\text{divd\_1}_{i,t}$ 为公司 i 在 t 期被持有的前十大机构投资者的分红大小均值；$\text{gender\_1}_{i,t}$ 为公司 i 在 t 期被持有的前十大机构投资者中女性经理人占比。

对模型(5.11)控制自选择偏误后估计得到的结果如表7-4所示，可以看出机构投资者羊群行为越高，企业承担的系统性风险越大，这与前文的假设相一致，同时，模型中引入了信息透明度、内部控制质量、审计质量和高管信息披露操纵倾向的交乘项，同时，为了保证交互项的经济学含义以及避免多重共线性的影响，对交互项进行了中心化处理，估计结果显示：信息透明度越高，羊群行为与个股承担的系统性风险传染的正向关系越弱；内部控制质量越高，羊群行为与个股承担的系统性风险传染的正向关系越弱；审计质量越高，羊群行为与个股承担的系统性风险传染的正向关系越弱；存在高管信息披露操纵倾向的公司，羊群行为与个股承担的系统性风险传染的正向关系越强。与前述估计结果吻合，表明了本书结论的稳健性。

表7-4　Heckman两阶段模型控制自选择偏误后的估计结果

牛市	$\beta^{contagion}$			
	(1)	(2)	(3)	(4)
herd_insti	0.062 ** (2.27)	0.055 *** (3.08)	0.066 ** (2.20)	0.058 ** (2.14)
ABACC	−0.005 *** (−3.19)			
herd_insti×ABACC	−0.002 ** (−1.99)			
IC		−0.261 ** (−2.06)		
herd_insti×IC		−0.027 * (−1.81)		
AQ			−0.005 ** (−2.43)	
herd_insti×AQ			−0.002 ** (−2.33)	

（续表）

牛市	$\beta^{contagion}$			
	(1)	(2)	(3)	(4)
IDMT				0.017 * (1.80)
herd_insti×IDMT				0.001 * (1.77)
control	yes	yes	yes	yes
ind/year	yes	yes	yes	yes
cluster at firm	yes	yes	yes	yes
Hausman-test	44.88 ***	48.48 ***	46.56 ***	54.33 ***
N	14 022	14 022	14 022	14 022
R^2	0.156	0.164	0.098	0.115

7.3.3　其他稳健性检验

此外，本书还做了以下稳健性检验。

(1)由于我国有上海证券交易所和深圳证券交易所两个大所，而且这两所之间在上市公司偏好、所内发行交易制度以及投资者组成等方面存有不同，因而为了规避由于公司所处交易所环境的不同对本书研究结论带来的影响，在上述回归分析中引入交易所虚拟变量。

(2)为了防止股票的换手率对单一股票所承载的系统性风险传染的潜在影响，我们除了在回归方程中引入换手率变量之外，还按照股票的换手率排序，针对高换手率和低换手率组合进行子样本回归。

(3)无论是 CAPM 模型、Fama-French(1993)三因子模型、Carhart(1997)四因子模型、Fama-French(2013)五因子模型还是动态混合 β 模型测度的系统性风险都会受到无风险收益率的影响，我们选取三个月期的定期存款利率除以 3 代替原文中的一年期的定期存款利率除以 12 表示无风险收益率。所有稳健性检验的结果与本书的结果基本一致，说明本书的结论是稳健的。

7.4 小结

第 6、7 章内容主要研究了机构投资者羊群行为与个股承担的系统性风险传染之间的关系，并在此基础上考察了信息透明度、内部控制质量、审计质量和高管信息披露操纵倾向是否影响了机构投资者羊群行为和系统性风险传染的关系，进而深入考察机构投资者羊群行为对系统性风险传染的作用机理和传导途径。首先，考虑到机构投资者羊群行为可能存在着显著的时变性特征，通过转移概率矩阵发现机构投资者对某支股票的羊群行为具有持续性的特点，且这一持续性特征不仅仅适用于某一局部，而是具有“全域”性质，而机构投资者羊群行为的持续性可能与机构投资者自身投资者风格或股票特质具有一定的关系，这也表明机构投资者羊群行为具有一定的策略性，而不是“一时兴起”。其次，采用分组排序的方法考察机构投资者羊群行为与系统性风险传染之间的关系，发现随着机构投资者羊群行为的变大，企业所承担的系统性风险传染均呈现上升趋势，即企业所承担的系统性风险传染与机构投资者羊群行为可能均存在着正相关关系。再次，通过实证分析方法回归分析了机构投资者羊群行为与系统性风险传染之间的关系以及信息透明度、内部控制质量、审计质量和高管信息披露操纵倾向对机构投资者羊群行为与系统性风险传染之间的关系的影响，结果发现：机构投资者羊群行为加剧了个股承担的系统性风险传染；信息透明度越高，羊群行为与个股承担的系统性风险传染的正向关系越弱；内部控制质量越高，羊群行为与个股承担的系统性风险传染的正向关系越弱；审计质量越高，羊群行为与个股承担的系统性风险传染的正向关系越弱；存在高管信息披露操纵倾向的公司，羊群行为与个股承担的系统性风险传染的正向关系越强。

第8章

叠加羊群与系统性风险传染

本章内容主要研究证券分析师、机构投资者的叠加羊群与系统性风险传染(选取标准的马尔可夫链,采用动态混合β测度模型基于贝叶斯估计所得)之间的关系,在此基础之上考察了网络位置(两类指标:中介中心度和程度中心度)、校友圈子是否影响证券分析师、机构投资者的叠加羊群与系统性风险传染之间的关系,进而挖掘证券分析师、机构投资者的叠加羊群影响系统性风险传染的传导途径和作用机理,以及相关的应对措施。对于证券分析师、机构投资者的叠加羊群与系统性风险传染的关系,本书之前已经进行了详细的介绍和说明,因此,本章假设提出部分的主要目的在于描述网络位置(两类指标:中介中心度和程度中心度)、校友圈子与证券分析师、机构投资者的叠加羊群之间的潜在联系,以及它们影响证券分析师、机构投资者的叠加羊群与系统性风险传染之间关系的潜在途径。除了假设提出部分,其他部分的内容安排如下:模型与方法部分,介绍网络位置(两类指标:中介中心度和程度中心度)、校友圈子指标的详细度量方法,以及控制变量的选取和相应的计量模型;样本选取与统计描述部分,详细说明本章研究内容的数据来源,并给出对应的描述性统计结果,考虑到证券分析师、机构投资者的叠加羊群可能存在着显著的时变性特征,利用转移概率矩阵考察证券分析师、机构投资者的叠加羊群的持续性;实证分析部分,采用分组排序的方法考察证券分析师、机构投资者的叠加羊群与系统性风险传染之间的关系,观察相应的趋势是否显著,并通过回归方法实证分析证券分析师、机构投资者的叠加羊群与系统性风险传染之间的关系。

8.1 假设提出

在我国，机构投资者是资本市场的重要投资主体，而证券分析师是中介服务机构，因而作为被服务者和提供服务者，二者之间存在密切的利益关系，这导致两者在资本市场上的行为不得不保持一定的协同性(Stickel，1992；蔡庆丰等，2011)。研究也发现证券分析师为了得到基金经理的支持，对基金经理所持重仓的股票提高评级(Kadous et al.，2009)。而且除了这种直接的利益羁绊外，从客观的信息处理链条来看，机构投资者处于证券分析师的下游，即，证券分析师基于获取的原始信息形成分析报告后传递到机构投资者手中，机构投资者用以投资决策的是前者加工处理后的“二手”信息(Hott，2009；蔡庆丰等，2011)。可见，机构投资者行为受证券分析师行为的影响较大，蔡庆丰等(2011)通过对中国资本市场证券分析师和机构投资者行为进行分析后指出二者存在叠加羊群效应，那么羊群行为的叠加与风险传染的关系如何？

1)羊群行为的叠加是一种加剧信息堵塞的方式

信息渠道顺畅使得无论利好还是利空消息能够迅速被市场吸收，维持市场的稳定，然而由于羊群行为本身是一种市场渠道存在障碍的表现，叠加羊群为市场风险只能带来更加恶劣的后果，而且从客观的信息处理链条来看，机构投资者用以投资决策的是前者加工处理后的“二手”信息，而且具备高度的协同性(Hott，2009；蔡庆丰等，2011)，加剧了叠加羊群产生后果的系统性。如果证券分析师提供的信息存在偏差，那么机构投资者获得的信息则更加与个股真实信息偏离。考虑到，无论是证券分析师羊群行为还是机构投资者羊群行为都与市场信息不对称具有密不可分的关系。前者在后者处理的信息基础上进行投资决策，导致的必然是信息的“双重”堵塞。信息堵塞和外部冲击可以是一个硬币的两面，即，当面临机构“双重”羊群行为冲击时，表明信息是加倍堵塞的。此时，市场吸收信息的速度减慢，短期内对某支股票进行羊群行为必然带来内部风险传染的急剧膨胀。

2)证券分析师对机构投资者的依赖使得二者对股票的“意向”趋同

一方面，由于证券分析师所属的一般券商机构，其主要业务是为上市公式上市牵线搭桥、一级市场承销股票以及出租席位，而其作为“卖”方，买方的机构投资者是其业务收入的重要客户，一旦受到来自机构投资者的压力利益驱动使其在提供分析报告时难以保持独立性。证券分析师在出具各类报告时会具有迎合机构投资者的倾向，导致其通常的决策都会与机构投资者潜在意向相同。Kadous et al.(2009)、Natalia et al.(2011)发现机构投资者的持股与盈利预测准确性之间存在负相关关系，这一结论从侧面表明当面对机构投资者时，证券分析师专业测度的准确性降低，可能存在“迎合”机构投资者的行为。林钟高和杨雨馨(2017)发现证券分析师跟进与机构投资者持股比例存在显著的正相关关系。可见，证券分析师和机构投资者在资本市场个股判断上保持高度的协同性。

另一方面，证券分析师为了自家公司的业绩和声誉、佣金等会提高参股基金公司旗下的股票评级(Natalia et al.,2011)。

综上可见，羊群行为的叠加存在同向一致性，而相互抵消的概率较小，基于此，提出如下假设。

H3:证券分析师羊群行为加剧了机构投资者羊群行为与个股承担的系统性风险传染之间的关系。

在网络模型的视角下，个体都将会被视为网络之中的节点，而且各个节点之间交流互动可以带动局部甚至整个网络系统引起震荡。现有文献已经从信用担保、社会资本以及企业财务特征等多个方面论证了网络在系统性风险传染之中的作用。一方面，网络的放大资源集聚效应同样会在风险传递上起到层层助推的效果(Putman,1993;李文颖和陈宋生,2018)、Huang et al.(2016)通过构建整体系统性风险贡献度的网络模型，进而测度企业个体为整体系统性风险的贡献多少，最终发现微观企业个体网络中心度越高、网络节点数目越多，其承担着越高的系统性风险水平。另一方面，当面临外部冲击时，网络的风险传递渠道功能会被迅速强化。石大龙和白雪梅(2015)等构建了复杂网络模型的模拟实验，演绎了外部冲击来临时风险的传染效应，外部冲击会使得内部网络迅速分化，原本较强的链条关系变得更强，而较弱的链条关系则在网络上消失，此时形成的网络链条传递信息的功能得到迅速强化，其风险传递效应也在迅速变强。我国上市公司作为复杂的独立个体，个股之间会基于各式各样的关系联结在一块，但是真正能够形成系统的实质性网络关系的并不多，其中基于独立董事的联结关系就是重要的一种。已有研究(张娆，2014)发现网络联结中的企业如果一个企业具有较高的会计信息质量，那么网络中其他企业的会计信息质量也会受其影响。表明独立董事联结的网络已经可以对资本市场产生作用。因而，引入基于独立董事联结的网络考察网络位置在叠加羊群与系统性风险传染中扮演的角色。由于网络是系统性风险传染的重要渠道，两类羊群行为都是信息机制下的反应，一旦证券分析师或机构投资者对联结网络内的一个企业节点形成认知偏差，必然通过网络内的链接线条传染至其他企业甚至使危害形成系统性。

基于此，本书提出如下假设。

H3a：网络位置加剧了叠加羊群与个股承担的系统性风险传染之间的关系。

政治学、经济学和社会学都对社会资本含义进行了解释，虽然没有明确的定义，但可以理解为是个人或单个组织所拥有的累积价值或者资源，而个体之间的互动联结会形成基于自身资源的社会资本网络(Bourdieu，1985；刘善仕等，2017；李文龙等，2019)。Portes(1998)认为社会资本在为成员提供有价值资源的同时，也通过内部规范施加个体控制，导致某些群体团结的同时不为主流社会所认同，在面临危机时难以摆脱困境，使得整个团体面临危机。校友关系作为一种典型的社会资本对网络内部个体提供更多的私有信息，从而促进提升基金业绩（申宇等，2015）。校友关系作为特殊形态的社会资本，其信息共享机制对资本市场主体具有双重作用机制。研究证实，依托校友网络构建的非正式信息渠道能提升市场信息传递效率，进而创造超额收益（申宇等，2015），但该网络同时构成风险传导的拓扑结构基础，吴宝等（2011）通过选取浙江台州与绍兴两大民营经济集聚区作为研究样本，运用复杂网络分析法实证检验发现：以社会资本为纽带形成的网络联结，使微观主体风险暴露呈现显著的空间相关性，显著提升了风险传染强度。此研究揭示社会资本网络的密度与中心度特征存在双向调节效应——信息协同效应与风险共振效应呈现正向关联性。可见，校友关系网络在面临外生冲击时，其网络特性可能引发风险传染的乘数效应，对金融系统的稳定性构成潜在威胁。由此可见基于校友关系形成的网络在冲击来临时同样具有加剧系统性风险传染的后果。

基于此，本书提出如下假设。

H3b：校友圈子加剧了叠加羊群与个股承担的系统性风险传染之间的关系。

8.2　模型与方法

研究证券分析师和机构投资者的羊群行为的叠加与系统性风险传染的关系往往需要考虑网络所带来的影响。这是由于无论是证券分析师羊群行为还是机构投资者羊群行为都与资本市场上的信息传递具有密不可分的关系，而信息的传递必须依赖可以传递信息的网络。网络的外部性理论指出一个网络是否具有价值取决于网络节点的数目（或者规模），梅特卡夫法则指出一个网络是否具有价值取决于其网络的规模，而且其价值会伴随着连接在该网络上的节点数目的增加呈现疯狂的几何级增长，即，基于一种关系而形成的网络创造的价值会随着网络上用户的增加而迅速膨胀，网络规模越大，个体在整个网络中贡献的价值也会越大，其整体上呈现出一种边际效益递增的现象。用具体的例子进行说明，假如一个网络上有 n 个用户，那么 n 个用户形成的网络的价值总和是 n^2-n，即，当每一个新增用户的带来的价值将是 $2n-1$，$2n-1$ 永远是大于 0 的，这就表示每一个新的用户的增加必然导致网络总价值的迅速放大。网络的这一特性用经济学的观点阐述就叫网络外部性，网络的外部性有正的外部性和负的外部性之分，那么此处用来解释收益的获取时就是指其正的外部性。

结合本书的研究内容——系统性风险传染，此处从风险的角度切入外部性的理论用以解释在资本市场上由于各种关系构成的网络在其中扮演何种角色的问题。无论是基于独立董事联结形成的网络还是基于校友圈子形成的网路都不会改变其网络节点增多与价值增大之间的正相关关系。因此，在研究叠加羊群与系统性风险传染之间的关系时重新审视网络位置的功能，将网络位置带来的外部性的作用标的框定在信息传递带来的风险上，此时叠加羊群会从网络出发重新激活每一个网络节点，带来系统性风险的快速累加，进一步加剧企业承担的系统性风险水平。

综上，从企业所处的各类关系网络出发，从网络位置和校友圈子两个调节变量探讨其对叠加羊群与个股承担的系统性风险传染水平之间的关系的影响。

8.2.1 调节变量

1)网络位置(network_location)

独立董事联结制度对处于社会网络中的个体研究是非常重要的研究方法。选取独立董事的网络中心度指标进行分析，参照 Freeman(1979)、谢德仁和陈运森(2012)等的研究将具体的衡量指标设置为以下两个。

(1) 中介中心度(cen_m)。

$$\text{cen\_}m_i=\frac{\sum_{j<k} g_{jk(\eta_i)}/(g-1)}{(g-1)(g-2)} \tag{8.1}$$

在式(8.1)中，左侧 cen_m_i 代表的是个体 i 的中介中心度指标，具体表示的是在基于独立董事联结关系而形成的网络中，其他董事之间进行联系必须经过公司 i 的董事的程序。方程右侧中：$g_{j,k}$ 代表的是独立董事 j 与独立董事 k 如果进行联系那么他们之间的最短路径条数；$g_{jk(\eta_i)}$ 代表的是如果独立董事 j 与独立董事 k 进行联系，那么他们取得联络的所有最短路径中必须经过董事 i 的路径条数；g 代表的是某上市公司在基于独立董事联结而形成的网络中有多少个独立董事置身其中。此外方程右侧的分母部分是为了规避时间期不同时上市公司董事网络规模差异的影响。

(2) 程度中心度(cen_l)。

$$cen\_l_i = \sum_j X_{j,i} / (g - 1) \tag{8.2}$$

在式(8.2)中，左侧 cen_l_i 代表的是个体 i 的程度中心度指标，其具体表示的是在基于独立董事联结形成的网络中，剔除掉自身外与董事 i 有直接联系的董事的个数；方程右侧中 $X_{j,i}$ 表示独立董事 j 与独立董事 i 在相同的时间维度上至少在一个公司共同担任过独立董事，此时为 $X_{j,i}$ 赋值 1，否则为 0。同样，方程右侧除以($g-1$)是为了规避不同的上市公司的在基于独立董事联结形成的网络中的董事规模差异的影响。

在该指标的计算中需要对其计算步骤进行进一步解释：首先，获取所有样本公司对应的独立董事数据以及公司数据，然后将所有的独立董事与公司分别编码，根据资料形成独立董事与公司之间的勾稽关系，由于一个董事会对应多家公司，因此我们将独立董事和公司的对应关系用矩阵进行刻画，如果某一个独立董事在该公司任职则赋值为 1，否则为 0；其次，采用网络数据分析软件 PAJEK 将独立董事与上市公司的关系由矩阵调整为一阶关系，并计算各独立董事的中介中心度和程度中心度指标；提取出各公司对应独立董事的这两个指标并进行加权计算得出上市公司对应的中介中心度和程度中心度指标。

2)校友圈子(circle)

在证券市场上，具有明显的名校“圈子”效应，我国基金经理和证券分析师往往扎堆名校，在金融圈子里也具有明显的鄙视链和抱团效应，众所周知的“清华圈”“北大圈”“复旦圈”就是这种效应的典型体现。而且校友资源为在职场中奋力打拼的职场人士提供各种可能的机会，因此他们也会竞相参加各种校友联谊会和校友俱乐部，这些场合为他们提供交流信息的机会，研究发现校友关系能为基金经理或分析师带来更多的私有信息引致积极主动的投资(Kuhnen，2009；Fracassi and Tate，2012；申宇等，2016)。可见，校友圈是影响分析师羊群行为和机构投资者羊群行为的重要变量，因而引入这一调节变量进一步考察分析师和机构投资者羊群行为与系统性风险传染之间的关系。借鉴 Freeman(1979)、陈运森和谢德仁(2011)和申宇等(2016)的研究方法，分别选取机构投资者中的基金掌舵者——基金经理和上市公司的掌舵者——高管作为网络节点，把基金经理和上市公司高管之间本科院校是否属于同一毕业学校作为构建网络关系的基础，采用程度中心度构建校友圈子指标。

校友圈子(circle)是衡量与高管 i 有直接联系的基金经理的数量，该指标越大，高管的校友关系越丰富，计算公式为

$$\text{circle}=\sum_{j} X_{i,j}/(g-1) \tag{8.3}$$

其中，i 为公司高管，j 为其他公司高管或基金经理，X 表示网络联结关系，如果 i 和 j 属于校友关系则赋值为 1，否则为 0，g 为高管总数，除以 $(g-1)$ 以消除规模差异。

8.2.2 控制变量

为了剔除其他因素的干扰，借鉴已有文献(江轩宇，2016)，本书加入以下控制变量：公司规模(size)、机构持股比例(ISR)、产权性质(SOE)、财务杠杆(LEV)、股权集中度(concen_equity)、两职合一(dual)、内部董事占比(inner_director)、CEO 任职年限(tenure)、投资者异质性(turnover)、成长性(MB)和盈利能力(ROA)。具体变量定义如表 8-1 所示。

表 8-1　变量定义与度量

变量名称	符号	度量方法
风险传染	$\beta^{contagion}$	具体计算方法参见公式(3.1)、(3.2)、(3.3)、(3.4)、(3.5)、(3.6)、(3.7)、(3.8)、(3.9)、(3.14)、(3.15)、(3.16)
叠加羊群	herd_analyst ×herd_insti	具体计算方法参见公式(3.36)
分析师羊群行为	herd_analyst	具体计算方法参见公式(3.30)、(3.31)
机构投资者羊群行为	herd_insti	具体计算方法参见公式(3.32)
网络位置(中介中心度)	cen_m	具体计算方法参见公式(8.1)
网络位置(程度中心度)	cen_l	具体计算方法参见公式(8.2)
校友圈子	circle	具体计算方法参见公式(8.3)
公司规模	size	公司总资产的自然对数
产权性质	SOE	虚拟变量,若公司实际控制人为国有则为1,反之为 0
财务杠杆	LEV	总负债与总资产之比
股权集中度	concen_equity	公司第一大股东持股比例
两职合一	dual	董事长与总经理是否两职合一,若是取值为 1,反之为 0
内部董事占比	inner_direcor	公司内部董事人数与公司董事人数之比
CEO 任职年限	tenure	以 CEO 的任职天数除以 360 天折算
投资者异质性	turnover	股票在当期的平均换手率
成长性	MB	市值账面比,公司市值与股东账面价值之比
盈利能力	ROA	本年度的净利润与上年度的总资产之比
股市周期	BULL	虚拟变量,如果股市处于牛市则为 1,反之为 0
行业分类	industry	行业虚拟变量
年度分类	year	年度虚拟变量

8.2.3 计量模型

借鉴 Pakes and Griliches(1984)、Griliches(1998)、Hu and Jefferson(2009)以及蔡庆丰(2011)的研究方法,结合证券分析师和机构投资者羊群行为以及叠加羊群与个股承担的系统性风险传染的内在联系,构建如式(8.4)至式(8.6)的计量模型。

(1)利用回归方程式(8.4)研究证券分析师、机构投资者的叠加羊群对风险传染的关系:

$$\begin{aligned}\beta_{i,t}^{\text{contagion}}=&\alpha_0+\alpha_1\text{herd\_analyst}_{i,t}+\alpha_2\text{herd\_insti}_{i,t}\\&+\alpha_3\text{herd\_analyst}_{i,t}\times\text{herd\_insti}_{i,t}\\&+\chi_1\text{control}_{i,t-1}+\chi_2\text{ind}_i\\&+\chi_3\text{year}_t+\varepsilon_{i,t}\end{aligned}\tag{8.4}$$

其中,$\beta_{i,t}^{\text{contagion}}$表示年度 t 时企业 i 的风险传染;$\text{herd_analyst}_{i,t}$表示年度 t 时企业 i 的分析师羊群行为;$\text{herd_insti}_{i,t}$表示年度 t 时企业 i 的机构投资者羊群行为;$\text{herd_analyst}_{i,t}\times\text{herd_insti}_{i,t}$表示年度 t 时企业 i 的证券分析师、机构投资者的叠加羊群。$\text{control}_{i,t-1}$表示年度 $t-1$ 时企业 i 的控制变量序列;ind_i 表示企业 i 的行业虚拟变量序列;year_t 表示年度 t 时的年度虚拟变量序列。

(2)利用回归方程式(8.5)研究网络位置对证券分析师、机构投资者的叠加羊群与风险传染之间关系的影响:

$$\begin{aligned}\beta_{i,t}^{\text{contagion}}=&\alpha_0+\alpha_1\text{herd\_analyst}_{i,t}+\alpha_2\text{herd\_insti}_{i,t}+\alpha_3\text{network\_location}_{i,t}\\&+\alpha_4\text{herd\_analyst}_{i,t}\times\text{herd\_insti}_{i,t}\times\text{network\_location}_{i,t}\\&+\alpha_5\text{herd\_analyst}_{i,t}\times\text{network\_location}_{i,t}\\&+\alpha_6\text{herd\_insti}_{i,t}\times\text{network\_location}_{i,t}\\&+\alpha_7\text{herd\_analyst}_{i,t}\times\text{herd\_insti}_{i,t}\\&+\chi_1\text{control}_{i,t-1}+\chi_2\text{ind}_i\\&+\chi_3\text{year}_t+\varepsilon_{i,t}\end{aligned}\tag{8.5}$$

其中，网络位置变量 $network\_location_{i,t}$ 由中介中心度指标 $cen\_m_{i,t}$ 和程度中心度指标 $cen\_l_{i,t}$ 表示。其中，$herd\_analyst_{i,t} \times herd\_insti_{i,t} \times cen\_m_{i,t}$ 表示年度 t 时企业 i 的证券分析师和机构投资者的叠加羊群与中介中心度的网络位置指标的交互项。$herd\_analyst_{i,t} \times herd\_insti_{i,t} \times cen\_l_{i,t}$ 表示年度 t 时企业 i 的证券分析师和机构投资者的叠加羊群与程度中心度的网络位置指标的交互项。在该模型中根据系数 α_4 判断叠加羊群对个股承担的系统性风险传染的影响：如果 $\alpha_4>0$，则表明网络位置变量加剧了证券分析师和机构投资者的叠加羊群对个股承担的系统性风险传染的影响，反之，减弱。

(3)利用回归方程式(8.6)研究校友圈子对证券分析师和机构投资者的叠加羊群与个股承担的系统性风险传染之间关系的影响：

$$\begin{aligned}\beta_{i,t}^{contagion}=&\alpha_0+\alpha_1 herd\_analyst_{i,t}+\alpha_2 herd\_insti_{i,t}+\alpha_3 circle_{i,t}\\&+\alpha_4 herd\_analyst_{i,t}\times herd\_insti_{i,t}\times circle_{i,t}\\&+\alpha_5 herd\_analyst_{i,t}\times circle_{i,t}\\&+\alpha_6 herd\_insti_{i,t}\times circle_{i,t}\\&+\alpha_7 herd\_analyst_{i,t}\times herd\_insti_{i,t}\\&+\chi_1 control_{i,t-1}+\chi_2 ind_i\\&+\chi_3 year_t+\varepsilon_{i,t}\end{aligned}\tag{8.6}$$

其中，$circle_{i,t}$ 表示年度 t 时企业 i 的管理层的校友圈子广泛程度，$herd\_analyst_{i,t} \times herd\_insti_{i,t} \times circle_{i,t}$ 表示年度 t 时企业 i 的证券分析师、机构投资者的叠加羊群与校友圈子的交互项。在该模型中根据系数 α_4 判断叠加羊群对个股承担的系统性风险传染的影响：如果 $\alpha_4>0$，则表明校友圈子加剧了证券分析师和机构投资者的叠加羊群对个股承担的系统性风险传染的影响，反之，减弱。

8.3 样本选取与统计描述

8.3.1 数据来源

由于历史原因导致的股权分置是影响我国资本市场发展的老大难问题，因而国家在2005年开始全面推进股权分置的问题改革，到现在为止股权分置改革已经实行完毕，但不可否认其作为一项政策制度深刻影响了企业内外部治理环境、竞争机制和运营业绩等的方方面面(陈胜蓝和卢锐，2012；陈信元和黄俊，2016)。而在本书的研究中要考虑这一问题为本书研究过程和结论带来的影响：①股权分置改革是由外部非市场机制作用的一种行政干预，突发性的政策影响会在短期造成股市崩盘风险的上升(袁鲲等，2014)；②股权分置改革在某种程度上使现金股利波动性加大，股利的信号传递效用会使该表投资者的行为偏好(陈名芹等，2017)。从股改推行开始截至2006年年末，我国A股上市公司已经基本完成了股权分置改革的任务。此外，宏观经济的走势，社会、政治环境的变动，财政、金融政策的变化以及上市公司的业绩和经营行为都会影响股票市场的预期和涨落，形成“牛”“熊”周期(DeLong，1992；Siegel，1998)。市场参与者在“牛市”阶段和“熊市”阶段的行为具有差异性，例如何兴强和李涛(2007)从反应过度、反应不足的角度论证了不同市场态势下收益率波动的非对称特点；肖峻(2013)指出，“牛市”期间投资者热衷于追逐公司业绩而“熊市”期间投资者倾向于忽视公司业绩。

鉴于此，本书将样本区间设定为2007年初至2017年末，截至2006年末，沪深两市基本完成股改，仅有几只没有完成，而且包含了较为完整的牛熊周期。本书将样本的个体范围设定为中国股票市场上的所有企业，并对初始数据进行如下处理：①剔除不满足连续24个交易月度的样本，这是由于在计算系统风险传染指标过程中需要采用普通最小二乘法通过滚动回归24个月得到样本估计值的标准误进而计算后验估计值的收缩权重；②剔除金融类上市企业，这是由于金融类上市公司实际经营业务与财务指标口径与非金融类企业存在较为明显的不一致；③剔除ST、* ST、PT 类上市企业，这是由于该类企业存在经营业务异常，干扰项较多；④剔除 2006 年末没有完成股权分置改革的上市企业；⑤剔除企业 IPO 后一个季度的时间，这是由于在中国股市，IPO 公司通常面临价格泡沫、业绩变脸、股价与其真实业绩脱离等问题，而现有文献试图从政府管制、投资者理性以及第三方媒体等视角对这一问题的成因进行阐述，得出的结论纷繁复杂，难以定论，因而为了控制研究样本的纯净，特对 IPO 后一个季度的交易样本予以剔除；⑥剔除同一时期内给出的证券分析师预测少于 5 份的样本；⑦剔除数据缺失的样本。其他所有变量以及各变量计算过程中所涉及的公司治理数据、公司财务数据、机构投资者持仓数据等都获取自国泰安数据库和万德数据终端数据库。同时，在数据处理过程中为了使数据更为精准的测度对应指标，对所有涉及的连续型变量进行了剔除异常值影响的缩尾处理。为了控制潜在的组内自相关问题，借鉴 Petersen(2009)的方法，在所有回归方程中均进行聚类稳健标准误 cluster 处理。

8.3.2　描述性统计

表 8 - 2 列示了相关变量的描述性统计。可以发现如下结果。

表 8 - 2　描述性统计

变量	样本量	均值	标准差	最小值	最大值
$\beta^{contagion}$	14 022	0.468	1.613	0.209	0.950
herd_analyst1	14 022	0.312	1.472	0.000	3.800
herd_analyst2	14 022	0.349	2.435	0.014	9.357
herd_insti	14 022	0.338	0.165	0.000	0.923
cen_m	14 022	0.004	0.021	0.000	0.026

（续表）

变量	样本量	均值	标准差	最小值	最大值
cen_*l*	14 022	3.583	4.670	0.000	14.200
circle	14 022	0.041	0.151	0.000	0.260
size	14 022	21.937	1.160	20.701	28.319
SOE	14 022	0.518	0.406	0.000	1.000
ISR	14 022	0.127	0.238	0.000	0.472
LEV	14 022	0.527	0.189	0.056	0.960
Pay	14 022	14.513	0.696	10.301	17.406
concen_equity	14 022	0.865	0.813	0	8.063
dual	14 022	1.238	0.426	1	2
inner_direcor	14 022	0.630	0.054	0.200	0.909
tenure	14 022	4.111	3.244	0.003	24.920
turnover	14 022	3.151	1.992	1.694	4.129
MB	14 022	0.073	0.055	0.037	0.099
ROA	14 022	0.028	0.064	−0.270	0.191

(1)通过股票价格反映的个股承担的系统性风险传染指标($\beta^{contagion}$)的均值为 0.468，最小值为 0.209，最大值为 0.950，表明系统性风险传染是企业承担的系统性风险的重要组成部分，标准差为 1.613，表明该样本数据具有较好的离散度(此外，不同章节的描述性统计仅仅列出与本章内容相关的调节变量，考虑到缺失值的影响和数据处理流程的不同，与之相应的样本量也会不同)。

(2)证券分析师羊群行为指标包括基于每股收益(EPS)预测的羊群行为指标(herd_analyst1)和基于市盈率(PE)预测的羊群行为指标(herd_analyst2)。在表 8-2 对整体变量的描述性统计中可以看出，证券分析师羊群行为(herd_analyst1 和 herd_analyst2)的均值分别为 0.312 和 0.349、方差分别为 1.472 和 2.435，指标 herd_analyst2 相较于 herd_analyst1 具有更大的分散度，这可以通过其各自的最小值(0 和 0.014)和最大值(130.8 和 291.357)可以看出,表明该指标可能存在极端值。因而对该指标进行了去除极端值的调整处理。

(3)衡量机构投资者羊群行为的指标为 herd_insti(该指标采用季度持仓数据计算)。在表 8-2 对整体变量的描述性统计中可以看出,机构投资者羊群行为指标的均值为 0.338、方差为 0.165,最小值和最大值分别为 0 和 0.923,从整体来看机构投资者羊群行为的分布较为均匀且具有较好的差异性。

(4)调节变量。网络位置(network_location)的中介中心度指标(cent_m)的均值为 0.004,最小值为 0.000,最大值为 0.026,说明个股所处的网络位置对相关信息的控制程度区别不大,但存在一定程度的差异性,说明我国基于上市公司董事联结形成的网络位置已经具有信息传导的初步属性;网络位置(network_location)的程度中心度指标(cent_l)的均值为 3.583,最小值和最大值分别为 0.000 和 14.200,说明个股平均与接近 5 家上市公司存在网络上的联结关系,基于此建立的网络是各个公司之间信息交流的渠道,说明基于董事联结形成的网络位置具备重要性;校友圈子指标(circle)的均值为 0.041,最小值和最大值分别为 0.000 和 0.260,说明我国上市公司确存在基于校友关系形成的网络,而且这一"圈子"是信息交流的重要渠道;有形信息含量(tangible)的均值远远小于无形信息含量(intangible),这表明在我国股票市场上无形信息含量较多,市场上的投资炒作气氛较为浓烈,而有形信息含量的标准差也小于无形信息含量,这表明无形信息含量没有规律可循,侧面表明其潜在的市场风险性。

(5)其他控制变量。公司规模(size)变量的均值为 21.937,最小值为 15.571,最大值为 28.319,表明选取的上市公司样本规模分布均匀;产权性质(SOE)的均值为 0.518,最小值和最大值分别为 0 和 1,表明上市公司样本中国有企业和非国有企业比例是相当的;财务杠杆指标(LEV)的均值为 0.527,最小值和最大值分别为 0.056 和 0.960,可见我国上市公司样本中负债率的跨度较大,同时该指标的方差为 0.189,表明该指标分布具有差异性；此外，股权集中度指标（concen_equity）、两职合一指标（dual）、内部董事占比指标（inner_direcor）和CEO任职年限指标（tenure）等控制变量均分布均匀且具有良好的差异性，次出不再赘述。

8.4 实证分析：叠加羊群与系统性风险传染

表8-3给出了机构投资者羊群行为与系统性风险传染的固定效应估计结果。在上述估计方程中本书还加入了年度虚拟控制变量和行业虚拟控制变量，以分别控制这两个因素在回归分析中的影响，同时还借鉴Petersen（2009）对回归方程中的标准误进行了个股层面的聚类处理，控制了回归中涉及的组内自相关性。为规避共线性交乘项（herd_analyst1×herd_insti和herd_analyst2×herd_insti）中涉及的单变量均进行了中心化处理。

以结果（1）为例，证券分析师羊群行为和机构投资者羊群行为指标与系统性风险传染指标呈正的相关性，进一步验证了前文的假设，即“假设H1：证券分析师羊群行为加剧了个股承担的系统性风险传染”和“假设H2：机构投资者羊群行为加剧了个股承担的系统性风险传染”。此外，herd_analyst1×herd_insti的系数为0.079，且呈现出10%下的显著性水平，表明机构投资者羊群行为和证券分析师羊群行为的叠加对系统性风险传染是一种加剧效应。这一结果也验证了“假设H3：证券分析师羊群行为加剧了机构投资者羊群行为与个股承担的系统性风险传染之间的关系”。这一结论进一步表明机构投资者与证券分析师在信息获取上的依赖是一种加剧市场信息堵塞进而增大个股承担的系统性风险传染的不健康的状态。

此外，企业规模（size）与个股承担的系统性风险传染呈正相关关系，表明规模越大的企业受整个市场价格波动的影响也较大；产权性质（SOE）与个股承担的系统性风险传染呈正相关关系，表明我国国有企业承担着更大的系统性风险传染，一方面我国国有企业在系统重要性行业权重占比较高，另一方面，国有企业面临高杠杆、去产能等转型升级问题，这导致其承担着较高的系统性风险传染；资产负债率（LEV）与企业承担的系统性风险正相关相关，说明了还债压力较大的企业承担着更大的系统性风险传染，这也与资产负债率高是加剧系统性金融风险的结论相呼应；股权集中度（concen_equity）与系统性风险传染呈正相关关系，即，股权集中度越高的企业所承担的系统性风险越高，这可能与股权集中较高的企业管理层权力越大进而加剧公司与市场的信息不透明有关，进而导致股权集中度高的企业承担着较高的系统性风险传染；董事长与总经理是否两职合一（dual）与系统性风险传染呈正相关关系，表明管理层权力越大，公司承担的系统性风险传染越大；CEO的任职年限（tenure）与系统性风险传染呈正相关关系，同样，表明公司管理层在职时间越长，公司承担越大的系统性风险传染；公司内部董事人数与公司董事人数之比（inner_direcor）并没有表现出明显的显著性，这可能是与公司内部董事制度的“花瓶效应”的一种体现；个股的换手率（turnover）与系统性风险传染呈正相关关系，表明被频繁买进卖出的企业承担着更高的系统性风险传染，这与Lipson and Puckett（2007）的研究相符；公司的成长性（MB）与系统性风险传染呈正相关关系，表明越是成长中的企业，承担的系统性风险传染越高。需要说明的是，滞后一期的机构投资者羊群行为与当期系统性风险传染指标呈明显的正相关关系（L1.herd_analyst1 和 L1.herd_analyst2），表明机构投资者的羊群行为在后续期间仍然对系统性风险传染具有正向的影响，即，机构投资者羊群行为加剧了企业当期和下期承担的系统性风险传染，这也与机构投资者羊群行为的持续性研究结论相符合。

表 8-3 叠加羊群与系统性风险传染

变量符号	$\beta^{contagion}$	
	(1)	(2)
herd_analyst1	1.112 ** (2.14)	
herd_analyst2		1.015 ** (2.02)
herd_insti	0.097 * (1.85)	0.092 ** (2.13)
herd_analyst1×herd_insti	0.079 * (1.90)	
herd_analyst2×herd_insti		0.074 ** (2.05)
size	1.001 *** (4.23)	1.107 *** (5.38)
SOE	0.013 *** (2.83)	0.012 *** (3.91)
ISR	0.019 ** (2.13)	0.011 ** (2.03)
LEV	0.044 * (1.68)	0.026 * (1.97)
Pay	1.859 (0.80)	1.526 (1.12)
concen_equity	0.003 (1.13)	0.002 (1.25)
dual	0.036 (−1.56)	0.018 (−1.39)
inner_director	−0.031 *** (4.22)	−0.027 *** (6.60)
tenure	0.007 ** (2.02)	0.005 ** (2.10)

（续表）

变量符号	$\beta^{contagion}$	
	(1)	(2)
turnover	−0.035 **	−0.048 **
	(−2.33)	(−2.14)
MB	−0.021	−0.016
	(1.06)	(0.76)
ROA	0.032 *	0.024 *
	(1.89)	(1.95)
ind/year	yes	yes
cluster at firm	yes	yes
Hausman-test	47.39 ***	48.85 ***
N	14 022	14 022
R^2	0.122	0.113

注：括号内为经 White 稳健标准误调整后的 t 值；*** 、** 、* 分别表示 1%、5%、10%的显著性水平。

第 9 章

对叠加羊群的进一步分析

本章内容承接第 8 章的理论分析和模型方法，主要对叠加羊群行为对系统性风险传染之间影响机理进行实证分析和稳健性检验。内容安排如下：从网络位置（两类指标：中介中心度和程度中心度）、校友圈子对证券分析师、机构投资者的叠加羊群与系统性风险传染之间关系的影响；稳健性检验部分，针对第 8、9 章实证分析的所得结果进行相应的稳健性检验。

9.1 机理分析：网络位置、校友圈子的视角

本书加入公司网络位置（基于独立董事联结的中介中心度指标 cen_m 和程度中心度指标 cen_l）、校友圈子的交互项（circle）以分别考察基于独立董事联结的网络位置关系和基于校友关系形成的网络位置关系对叠加羊群与系统性风险传染关系的影响。以期进一步判断叠加羊群与系统性风险传染的关系是否受到了网络外部性的影响，进而对叠接羊群与系统性风险之间关系的作用机理进行分析。为了保证交互项的经济学含义以及避免多重共线性的影响，我们对其进行了中心化处理。

表 9-1　调节作用:网络位置和校友圈子

	$\beta^{contagion}$		
	(1)	(2)	(3)
herd_analyst1	1.140 ** (2.01)	0.093 ** (2.55)	1.165 ** (1.97)
herd_insti	0.056 * (1.74)	0.072 ** (2.03)	0.081 * (1.95)
herd_analyst1×herd_insti	0.079 * (1.77)	0.063 ** (2.54)	0.052 * (1.90)
cen_m	0.002 * (1.82)		
herd_analyst1×cen_m	0.105 ** (2.11)		
herd_insti×cen_m	0.058 ** (2.44)		
herd_analyst1×herd_insti×cen_m	0.020 ** (2.52)		
cen_l		2.132 ** (2.48)	
herd_analyst1×cen_l		1.044 ** (2.35)	
herd_insti×cen_l		0.714 ** (3.21)	
herd_analyst1×herd_insti×cen_l		0.319 ** (2.29)	
circle			0.122 ** (2.01)
herd_analyst1×circle			0.058 ** (2.07)
herd_insti×circle			0.031 ** (2.56)

（续表）

	$\beta^{contagion}$		
	(1)	(2)	(3)
herd_analyst1×herd_insti×circle			0.273 ** (2.30)
control	yes	yes	yes
ind/year	yes	yes	yes
cluster at firm	yes	yes	yes
Hausman-test	57.60 ***	61.94 ***	56.95 ***
N	14 022	14 022	14 022
R^2	0.096	0.117	0.105
herd_analyst2	1.133 ** (2.13)	0.089 ** (2.49)	1.071 ** (2.32)
herd_insti	0.046 * (1.89)	0.058 ** (2.06)	0.063 * (1.89)
herd_analyst2×herd_insti	0.031 * (1.95)	0.052 ** (2.21)	0.047 * (1.76)
cen_m	0.001 * (1.88)		
herd_analyst2×cen_m	0.097 ** (2.14)		
herd_insti×cen_m	0.056 ** (3.21)		
herd_analyst2×herd_insti×cen_m	0.018 ** (2.09)		
cen_l		2.373 ** (2.16)	
herd_analyst2×cen_l		1.069 ** (2.01)	
herd_insti×cen_l		0.842 ** (2.09)	

（续表）

	$\beta^{contagion}$		
	(1)	(2)	(3)
herd_analyst2×herd_insti×cen_l		0.483 ** (1.99)	
circle			0.134 ** (2.30)
herd_analyst2×circle			0.060 ** (2.45)
herd_insti×circle			0.022 ** (2.53)
herd_analyst2×herd_insti×circle			0.157 ** (2.47)
control	yes	yes	yes
ind/year	yes	yes	yes
cluster at firm	yes	yes	yes
Hausman-test	54.44 ***	58.38 ***	54.33 ***
N	14 022	14 022	14 022
R^2	0.101	0.124	0.137

注:括号内为经 White 稳健标准误调整后的 t 值；***、**、* 分别表示 1%、5%、10%的显著性水平。

由表 9 - 1 可得如下结论。

(1)结果显示基于独立董事形成的网络位置关系加剧了叠加羊群与个股承担的系统性风险传染之间的关系。这也进一步说明我国 A 股上市公司之间基于独立董事联结形成的网络已经初具规模并在资本市场的信息传递中发挥着巨大的作用,这也正是网络外部性的体现,即网络位置中的各个结点串联产生的作用是远远大于简单的线性相加的,证券分析师和机构投资者的羊群行为由联结网络内的一个企业节点通过网络内的链接线条传染至其他企业并进一步形成系统性的传染,将会对整个资本市场带来灾难。可见,网络外部性的存在"好"和"坏"的溢出两个方面,当羊群行为加剧资本市场上个股承担的系统性风险传染的关系中其扮演的就是负向的外部作用,因而,基于独立董事联结形成的网络关系只是一个工具,真正的规避应该从风险的源头——叠加羊群入手。此外,这一结果支持了"假设 H3a",即:网络位置加剧了叠加羊群与个股承担的系统性风险传染之间的关系。

(2)结果显示基于校友圈子形成的网络关系加剧了叠加羊群与个股承担的系统性风险传染之间的关系。同样,基于校友关系形成的社会资本同样可以用网络位置进行归置,而当通常大家所说的"好"的社会关系在与资本市场风险挂钩时却并不是一个好的结果,即,校友关系网络加剧了叠加羊群与系统性风险传染之间的关系,这个也与 Portes(1998)、吴宝等(2011)认为的高社会资本会提高融资风险网络的平均中心度降低网络破碎程度进而提升网络凝聚程度,加剧企业的风险传染的结论相一致。因而,这一结果支持了本书的"假设 H3b",即:校友圈子加剧了叠加羊群与个股承担的系统性风险传染之间的关系。

9.2 稳健性检验

9.2.1 股市牛熊周期的稳健性检验

宏观经济的走势,社会、政治环境的变动,财政、金融政策的变化以及上市公司的业绩和经营行为都会影响股票市场的预期和涨落,形成"牛""熊"周期(DeLong,1992;Siegel,1998)。研究发现,"牛市"阶段和"熊市"阶段在资本市场上对信息的反应效率呈现不平衡性(陆蓉和徐龙炳,2004;何兴强和李涛,2007)。此外,本书研究的一个重要内容是个股承担的系统性风险传染,这与资本市场的股票价格有着密切的关系,而且个股价格是资本市场研究中经久不衰的内容,与宏观经济环境联系紧密,因而,受宏观经济走势影响的股市的牛熊周期可能对本书的研究结论具有一定的影响。因此，有必要针对样本区间内的“牛市”和“熊市”进行子样本回归。牛熊周期的具体划分方式如下：鉴于本书回归方程的样本频率为年度，因此我们采用经流通市值加权的上证 A 股指数年收盘价判断对应年度的“牛”“熊”状态。划分结果如下。“牛市”阶段：2007 年、2009 年、2012 年、2014 年、2015 年、2017 年；“熊市”阶段：2008 年、2010 年、2011 年、2013 年、2016 年。表 9-2 列示了机构投资者羊群行为与系统性风险传染之间的关系的稳健性检验结果，股票市场的“牛”“熊”周期没有影响本书的主要结论：证券分析师和机构投资者羊群行为加剧了个股承担的系统性风险传染；证券分析师羊群行为加剧了机构投资者羊群行为与个股承担的系统性风险传染之间的关系；网络位置加剧了叠加羊群与个股承担的系统性风险传染之间的关系；校友圈子加剧了叠加羊群与个股承担的系统性风险传染之间的关系。

表 9-2　股市牛熊周期的稳健性检验

牛市	$\beta^{contagion}$		
	(1)	(2)	(3)
herd_analyst1	1.231 ** (1.97)	0.088 ** (2.22)	1.111 ** (2.03)
herd_insti	0.062 * (1.80)	0.079 ** (1.99)	0.058 * (1.78)
herd_analyst1×herd_insti	0.041 * (1.86)	0.057 ** (2.49)	0.049 * (1.71)
cen_m	0.002 ** (2.13)		
herd_analyst1×cen_m	0.077 ** (2.04)		
herd_insti×cen_m	0.039 ** (2.25)		

（续表）

牛市	$\beta^{contagion}$		
	(1)	(2)	(3)
herd_analyst1×herd_insti×cen_m	0.012 ** (2.50)		
cen_l		2.159 ** (1.98)	
herd_analyst1×cen_l		1.018 ** (2.06)	
herd_insti×cen_l		0.618 ** (2.38)	
herd_analyst1×herd_insti×cen_l		0.260 ** (2.41)	
circle			0.136 ** (2.34)
herd_analyst1×circle			0.062 ** (2.26)
herd_insti×circle			0.042 ** (2.33)
herd_analyst1×herd_insti×circle			0.349 ** (2.11)
control	yes	yes	yes
ind/year	yes	yes	yes
cluster at firm	yes	yes	yes
hausman-test	67.66 ***	60.14 ***	54.39 ***
N	7 861	7 861	7 861
R^2	0.141	0.124	0.155

熊市	$\beta^{contagion}$		
	(1)	(2)	(3)
herd_analyst1	1.172 ** (2.11)	0.064 ** (2.04)	1.092 * (1.95)

（续表）

熊市	$\beta^{contagion}$		
	(1)	(2)	(3)
herd_insti	0.049 ** (2.01)	0.061 ** (2.02)	0.047 ** (2.04)
herd_analyst1×herd_insti	0.031 * (1.79)	0.036 ** (2.17)	0.047 ** (1.98)
cen_m	0.001 * (1.88)		
herd_analyst1×cen_m	0.052 ** (2.05)		
herd_insti×cen_m	0.037 ** (2.10)		
herd_analyst1×herd_insti×cen_m	0.011 ** (2.47)		
cen_l		2.138 ** (2.38)	
herd_analyst1×cen_l		1.112 ** (2.54)	
herd_insti×cen_l		0.797 ** (2.21)	
herd_analyst1×herd_insti×cen_l		0.224 ** (2.38)	
circle			0.214 ** (2.13)
herd_analyst1×circle			0.085 ** (2.16)
herd_insti×circle			0.030 ** (2.54)
herd_analyst1×herd_insti×circle			0.344 ** (2.09)

（续表）

熊市	$\beta^{contagion}$		
	(1)	(2)	(3)
control	yes	yes	yes
ind/year	yes	yes	yes
cluster at firm	yes	yes	yes
Hausman-test	62.25 ***	59.41 ***	55.10 ***
N	6 161	6 161	6 161
R^2	0.131	0.098	0.118

注：括号内为经 White 稳健标准误调整后的 t 值；*** 、** 、* 分别表示 1%、5%、10%的显著性水平。

9.2.2 羊群行为的变量替换的稳健性检验

替换机构投资者羊群行为指标的度量方式。前述机构投资者羊群行为指标的计算采用的机构投资者披露的季度持仓数据（机构投资者披露的季度持仓数据仅披露其重仓的第 1 到 20 名），根据机构投资者的季度持仓数据“倒逼”出上市公司对应的机构投资者持季度股数量及持股变动数量，进而根据前述步骤计算上市公司对应的机构投资者羊群行为季度指标，进一步计算机构投资者羊群行为的年度指标。为了保证结果的可靠性，此处选取机构投资者披露的半年度和年度持仓数据（半年度和年度持仓数据是全仓数据），进一步根据机构投资者的半年度持仓数据“倒逼”出上市公司对应的机构投资者半年度持股数量及持股变动数量，根据前述步骤计算上市公司对应的机构投资者羊群行为半年度指标，进一步计算机构投资者羊群行为的年度指标，并代入实证分析模型进行检验。估计结果如下表所示。结果显示，机构投资者羊群行为显著增加了个股承担的系统性风险传染，而且无论是在加入控制变量序列之前还是之后均呈现显著的正相关关系，该结果再次支持了“假设 H2”，即：机构投资者羊群行为加剧了个股承担的系统性风险传染。其余变量的回归结论与前述基本保持一致，这在一定程度上保证了回归结果的稳健性。

表 9－3　羊群行为变量替换的稳健性检验

	$\beta^{contagion}$		
	(1)	(2)	(3)
herd_analyst1	1.294 ** (2.01)	0.076 ** (2.31)	1.073 ** (2.27)
herd_insti	0.061 * (1.86)	0.078 * (1.95)	0.064 * (1.77)
herd_analyst1×herd_insti	0.045 ** (2.03)	0.042 ** (2.08)	0.052 * (1.84)
cen_m	0.002 ** (2.21)		
herd_analyst1×cen_m	0.061 ** (2.29)		
herd_insti×cen_m	0.044 ** (2.25)		
herd_analyst1×herd_insti×cen_m	0.011 ** (2.11)		
cen_l		2.142 ** (2.32)	
herd_analyst1×cen_l		1.033 ** (2.16)	
herd_insti×cen_l		0.565 ** (2.21)	
herd_analyst1×herd_insti×cen_l		0.205 ** (2.47)	
circle			0.143 ** (2.51)
herd_analyst1×circle			0.058 ** (2.32)

（续表）

	$\beta^{contagion}$		
	（1）	（2）	（3）
herd_insti×circle			0.039 ** (2.56)
herd_analyst1×herd_insti×circle			0.361 ** (2.23)
control	yes	yes	yes
ind/year	yes	yes	yes
cluster at firm	yes	yes	yes
hausman-test	61.32 ***	62.71 ***	55.27 ***
N	14 022	14 022	14 022
R^2	0.103	0.108	0.137

注：括号内为经 White 稳健标准误调整后的 t 值；*** 、** 、* 分别表示 1%、5%、10%的显著性水平。

9.2.3 其他稳健性检验

此外，本书还做了以下稳健性检验。

（1）由于我国有上海证券交易所和深圳证券交易所两个大所，而且这两所之间在上市公司偏好、所内发行交易制度以及投资者组成等方面存有不同，因而为了规避由于公司所处交易所环境的不同对本书研究结论带来的影响，在上述回归分析中引入交易所虚拟变量对这一影响进行控制。

（2）为了防止股票的换手率对单一股票所承载的系统性风险传染的潜在影响，我们除了在回归方程中引入换手率变量之外，还按照股票的换手率排序，针对高换手率和低换手率组合进行子样本回归。

（3）无论是 CAPM 模型、Fama-French（1993）三因子模型、Carhart（1997）四因子模型、Fama-French（2013）五因子模型还是动态混合 β 模型测度的系统性风险都会受到无风险收益率的影响，我们选取三个月期的定期存款利率除以 3 代替原文中的一年期的定期存款利率除以 12 表示无风险收益率。所有稳健性检验的结果与本书的结果基本一致，说明本书的结论是稳健的。

9.3　小结

第 8、第 9 章内容主要研究了证券分析师与机构投资者羊群行为的叠加与个股承担的系统性风险传染之间的关系，并在此基础上考察了基于独立董事联结关系形成的网络位置和校友圈子网络对叠加羊群与个股承担的系统性风险传染之间关系的影响，以进一步深入考察叠加羊群与个股承担的系统性风险传染的作用机理和传导途径。首先，对证券分析师与机构投资者的羊群行为叠加与个股承担的系统性风险传染之间的关系进行理论分析，得出了证券分析师与机构投资者的叠加羊群加剧了个股承担的系统性风险传染，网络位置加剧了叠加羊群与个股承担的系统性风险传染之间的关系以及校友圈子加剧了叠加羊群与个股承担的系统性风险传染之间的关系三个假设：从资本市场信息传递的角度出发，认为证券分析师和机构投资者在获取信息上存在高度的同质性，且证券分析师基于种种利益关系会选择迎合机构投资者，且二者羊群的叠加效应会伴随着网络的传播而迅速累积，如果将网络叠置带来的效用比喻为信息传递带来的风险，叠加羊群会从网络出发重新激活每一个网络节点，带来系统性风险的快速累加，进一步加剧企业承担的系统性风险水平。其次，通过实证分析方法回归分析了证券分析师和机构投资者的叠加羊群与个股承担的系统性风险传染的关系以及网络位置和校友圈子对证券分析师和机构投资者的叠加羊群与个股承担的系统性风险传染之间关系的影响。结果发现：证券分析师羊群行为加剧了机构投资者羊群行为与个股承担的系统性风险传染之间的关系；网络位置加剧了叠加羊群与个股承担的系统性风险传染之间的关系；校友圈子加剧了叠加羊群与个股承担的系统性风险传染之间的关系。最后,对以上实证分析的回归结果进行了相应的稳健性检验。

第 10 章

结论

我国多层次资本市场逐渐建成，各类资本市场主体多样、规模不断扩大且相互间复杂关联提升了发生系统性风险的可能。防范和化解经济领域可能出现的重大风险，牢牢守住不发生系统性风险的底线，是我国建设现代化经济体系、实现高质量发展的必然要求。证券分析师和机构投资者作为最重要的两类市场参与主体，其行为特征呈现出的复杂性与系统性风险的传染性具有天然的关系。本书通过理论分析和实证检验的方式对证券分析师和机构投资者的羊群行为以及二者的叠加羊群与系统性风险传染的关系进行分析，并得出结论和提出政策性建议。

10.1 主要结论

我国资本市场不断完善，多层次的资本市场逐渐建成，各类资本市场主体多样、规模不断扩大且相互间复杂关联，提升了发生系统性风险的可能。系统性风险即市场风险，是指受多种因素的影响，导致投资者风险增大，从而给投资者带来损失的可能性。考虑到系统性风险具有传染性、多方向的特点，系统性风险造成的危机会迅速从一个机构传递到其他机构，从局部市场传递到全部市场，带来市场价格下降、市场信心丧失，最终酿成全局性灾难。防范和化解经济领域可能出现的重大风险，牢牢守住不发生系统性风险的底线，是我国建设现代化经济体系、实现高质量发展的必然要求。然而，系统性风险的防范不应仅仅关注其表面，还应该追本溯源。研究发现,系统性风险之所以产生巨大的破坏力是由于其风险传染的本质,即在基本面保持健康的情况下,外生冲击导致公司出现经营危机且在其内部传染扩散进而导致公司自身乃至整个经济系统发生系统性风险膨胀,给整个资本市场带来灾难。因此,对影响系统性风险的因素进行溯源,找出与之相应的风险传染途径和作用机理是防范和化解系统性风险的关键所在,也是监管层、各类机构和企业关注的重点。

现有文献对羊群行为与各类风险之间的关系已进行了大量研究,但缺乏从系统性风险和风险传染结合的角度进行深入探讨。研究发现,在我国充斥着证券分析师羊群行为和机构投资者羊群行为,且羊群行为提升了个股股价下行风险、加剧了市场波动、提高了金融体系的脆弱性。但是,现有文献并没有从系统性风险传染的视角对这一问题进行深入分析。鉴于上述情况,本书借鉴 Cosemans et al.(2016)、邓可斌等(2018)采用基于动态混合 β 测度的资产定价模型刻画系统性风险中系统性风险传染,不同于传统的定价模型仅仅将风险传染视为不同风险之间的传播和扩散,本书将“风险传染”从其他单一风险源中剥离出来作为新的风险源放入定价模型中,考虑到风险因子两两趋于正交的性质,这可以在一定程度上对风险传染的“真实强度”进行精确刻画,从而分别考察证券分析师和机构投资者的羊群行为与系统性风险传染的关系以及两者之间的叠加羊群对系统性风险传染产生的影响及相应的传导途径和作用机理,得出的主要结论如下。

1)证券分析师羊群行为显著增加了个股承担的系统性风险传染。

(1)社会关注度越高,证券分析师羊群行为与系统性风险传染之间的关系越弱。这进一步说明媒体通过信息传播和信息制造,对证券分析师形成一种监督性的威慑作用能够起到降低证券分析师的预测乐观度和预测偏差的作用。同时也表明,社会对上市公司的关注能够增强证券分析师的评级报告质量,进而增强上市公司内部与外部市场的信息对称度,从而起到降低个股承担的系统性风险传染的作用。从这个角度看,加强媒体监督，提升个股社会关注度是降低企业系统性风险传染的重要途径。

(2)存在网络谣言的公司，羊群行为与个股承担的系统性风险传染的正向关系越强。这一结果进一步表明，网络谣言在资本市场定价中的重要影响，赵静梅等(2010)的研究中发现网络谣言尽管被澄清以后还是难以回复股价，这个与有效资本市场理论中对称的信息流对股价造成的影响也应具有对称性是相反的，而本书结果也是上述结论的有力证明。这进一步表明网络谣言做为一种“不真实”的消息在资本市场信息传递中的作用是难以“逆反”的，网络谣言越盛，资本市场的信息透明度越低，隐藏在网络谣言下的真实信息越难以被市场识别，加剧了上市公司承担的系统性风险传染。

(3)结果显示有形信息含量越高，证券分析师羊群行为与个股承担的系统性风险传染的正向关系没有显著的影响，而无形信息含量越高，证券分析师羊群行为与个股承担的系统性风险传染的正向关系越强。这表明关乎基本面的“有形信息(Tangible Information)”对证券分析师羊群行为与系统性风险传染之间的关系没有实质性影响，与蔡庆丰和杨侃(2013)发现的证券分析师并不关注企业基本面的经营理念策略、财务状况、市场占有率、人才构成等信息相一致。同时，这一结果还表明排除公司基本面外的信息对证券分析师证券羊群行为与个股承担的系统性风险传染的关系具有显著的正影响，这是证券分析师倾向于炒作题材、“捕风捉影”的有力说明。

2)机构投资者羊群行为显著增加了个股承担的系统性风险传染。

(1)信息透明度越高，羊群行为与个股承担的系统性风险传染的正向关系越弱。此处所讲的信息透明度侧重于会计信息的透明度，而公司会计信息是否透明与潜在投资者息息相关，根据巴塞尔协会在1998年对会计信息透明度下的定义可以看出，高透明度的会计信息为投资者提供一种透过“现象”看“本质”的视角，而机构投资者作为资本市场上的重要投资主体，信息透明度理应是其关注的重要内容。实证分析结果显示，信息透明度大大降低了机构投资者羊群行为加剧个股承担的系统性风险传染的程度，这表明提高企业会计信息透明度使资本市场上信息风险减弱、信息效率提供，进而使机构投资者的行为产生一种“理性回归”效应，大大降低了机构投资者羊群行为加剧系统性风险传染的效果。

(2)内部控制质量越高，羊群行为与个股承担的系统性风险传染的正向关系越弱。高质量的内部控制不仅代表企业具有较高的风险管控能力，同时也反映了上市公司较高的治理水平。内部控制自从被引入企业以来，在防范提升企业经营效率、企业内部腐败和保证企业信息质量等方面都发挥着有力的作用，但是在风险防控方面，企业内部控制不仅具有防控企业“一域”还具有防控资本市场“全局”风险的功效，研究发现(张向丽和池国华，2018)发现内部控制质量越高的企业，其所面临被机构投资者羊群行为的程度越弱，可见内部控制所承担的作用超出了监管层的期许。结果表明，内部控制质量越高，机构投资者羊群行为加剧系统性风险传染的作用减弱，可见内部控制通过提升企业内外部信息不对称，疏通机构投资者和上市公司系统性风险传染中的信息渠道，进而降低了个股承担的系统性风险传染，再次表明了内部控制在防范风险方面中的“多面手”角色。

(3)审计质量越高，羊群行为与个股承担的系统性风险传染的正向关系越弱。两权分离以来，股东和管理层之间的信息不对称问题成为学术界研究的经典问题，围绕如何缓解这一信息不对称性，理论界和实务界展开了多方讨论和实践，引入外部监督被认为是缓解这一问题的有效途径。外部审计作为一种独立的第三方监督，在保证会计信息质量、缓解公司外部信息不对称等方面发挥着重要作用。已有研究表明(王帅文，2018)注册会计师审计质量的提高能够有效减缓各股面临机构投资者羊群的程度，因而高质量的审计在羊群行为与个股承担的系统性风险传染的关系中应具有关键影响。结果显示，审计质量越高，机构投资者羊群行为与企业承担的系统性风险的关系越弱，这表明代表外部监督的外部审计具有通过提升企业内外部信息不对称，疏通机构投资者和上市公司系统性风险传染中的信息渠道，进而降低了个股承担的系统性风险传染的作用，这与内部审计在其中扮演的角色类似，再次表明了内部控制和外部审计不仅在公司治理中的互补作用，在资本市场风险防控中的具有同样的治理效应“溢出”。

(4)存在高管信息披露操纵倾向的公司，羊群行为与个股承担的系统性风险传染的正向关系越强。两权分离带来的信息不对称同样衍生出了一个重要的问题——管理层监督，高管作为上市公司的“掌舵者”，其权力一旦没有必要的约束，“理性人”的属性会促使高管做出种种谋取私利的行为，信息的披露操纵是高管谋取私人利益的“重灾区”，研究发现高管会出于“掏空”公司资源、政治晋升等目的出现隐藏坏消息、提前发布好消息或者拖延信息的正常披露时间等行为，高管此种行为被表述为高管信息披露操纵倾向。下述结果表明，相较于不存在高管信息披露操纵倾向的公司，存在高管信息披露操纵倾向的公司，羊群行为与个股承担的系统性风险传染的正向关系越强。表明高管信息披露操纵倾向，导致出现过于集中的好快消息的集结或集中释放，“破坏”了企业的信息传递渠道，进而加剧了机构投资者羊群行为对企业承担的系统性风险的促进后果。

3)证券分析师羊群行为加剧了机构投资者羊群行为与个股承担的系统性风险传染之间的关系。

(1)基于独立董事形成的网络位置关系加剧了叠加羊群与个股承担的系统性风险传染之间的关系。这也进一步说明我国A股上市公司之间基于独立董事联结形成的网络已经初具规模并在资本市场的信息传递中发挥着巨大的作用，这也正是网络外部性的体现，即网络位置中的各个结点串联产生的作用是远远大于简单的线性相加的，证券分析师和机构投资者的羊群行为由联结网络内的一个企业节点通过网络内的链接线条传染至其他企业并进一步形成系统性的传染，将会对整个资本市场带来灾难。可见，网络外部性的存在“好”和“坏”的溢出两个方面，当羊群行为加剧资本市场上个股承担的系统性风险传染的关系中其扮演的就是负向的外部作用,因而,基于独立董事联结形成的网络关系只是一个工具,真正的规避应该从风险的源头——叠加羊群入手。

(2)基于校友圈子形成的网络关系加剧了叠加羊群与个股承担的系统性风险传染之间的关系。同样,基于校友关系形成的社会资本同样可以用网络位置进行归置,而当通常大家所说的"好"的社会关系在与资本市场风险挂钩时却并不是一个好的结果,即,校友关系网路加剧了叠加羊群与系统性风险传染之间的关系,这个也与 Portes(1998)、吴宝等(2011)认为的高社会资本会提高融资风险网络的平均中心度降低网络破碎程度进而提升网络凝聚程度,加剧企业的风险传染的结论相一致。

综上所述,证券分析师羊群行为、机构投资者羊群行为和叠加羊群都是加剧系统性风险传染的重要因素,而且各类羊群行为在影响系统性风险传染的过程中会受到不同因素的影响,这是受制于证券分析师和机构投资者的自身特性。论文从风险溯源的视角对羊群行为与系统性风险传染的关系的解读不仅为后续理论研究提供借鉴,而且为风险管理的政策制定提供一定的参考。

10.2 启示及政策建议

当前我国经济面临转型升级,宏观经济下行压力加大,多层次的资本市场的完善,各类资本市场主体多样、规模不断扩大且相互间复杂关联,提升了发生系统性风险的可能。防范和化解经济领域可能出现的重大风险,牢牢守住不发生系统性风险的底线,是我国建设现代化经济体系、实现高质量发展的必然要求。然而,系统性风险的防范不应仅仅关注其表面,还应该追本溯源,抓住系统性风险传染这个系统性风险的本质:系统性风险之所以产生巨大的破坏力是由于其风险传染的本质,即在基本面保持健康的情况下,外生冲击导致公司出现经营危机且在其内部传染扩散进而导致公司自身乃至整个经济系统发生系统性风险膨胀，给整个资本市场带来灾难。而证券分析师和机构投资者作为资本市场上的重要参与者都呈现的一种典型的羊群行为，而羊群行为具有系统性和传染性的特征，羊群行为的系统性和传染性使其与系统性风险传染具有天然的关系。因而本书通过理论分析和实证检验的方式对证券分析师和机构投资者的羊群行为以及二者的叠加羊群与系统性风险传染的关系进行分析，并得出了证券分析师羊群行为、机构投资者羊群行为和叠加羊群都是加剧系统性风险传染的重要因素，且受到社会关注度、网络谣言、有形信息和无形信息、信息透明度、内部控制质量、审计质量、高管信息披露操纵倾向、网络位置和校友圈子等变量的影响。结合中国当前的发展现状和本书的研究结论，提出以下几点建议。

1)建立和完善证券市场监管体系

个体承担的系统性风险传染的上升从本质上与监管职能缺失有关。

一方面正式监管制度的乏力会放任非正式制度的野蛮生长，从而造就了市场非理性行为系统性出现的大环境。我国证券市场存在投机盛行、炒作气氛浓烈等情况，一些本就不满足上市条件，甚至常年亏损的企业只要经过“业内”统一包装就可以在A股市场瞒天过海顺利上市，大肆收割投资者的血汗，而一旦上市公司的欺诈行为出现，所受到的惩罚是微乎其微。例如，虚增利润达百亿之巨，给投资者造成的“血亏”甚至可能掏空了一些中小投资者的口袋的ST康德，证监会仅仅做出了对其罚款5万元的惩罚，试问这样的惩罚监督机制又怎能遏制股市“恶性”行为的滋生？例如，网络造谣传谣是否是应该建立惩罚的机制呢？因而个人认为监管机构应该在监管制度方面围绕“重罚”“严惩”的方向推进正式监管制度的完善，减弱资本市场作恶行为，为证券资本市场建立一个“海晏河清”的运营环境。

另一方面，建立完善的资本市场信息披露体系。信息不对称是系统性风险传染产生的重要原因，实际上，信息不对称是企业各类风险的源头，而如何最大程度的缓解信息不对称是降低各类风险、降低证券市场个股承担的系统性风险的重要着力点。我国已经建立了较为完善的资本市场信息披露制度，但信息披露制度要成为体系，信息披露制度不应该仅仅围绕企业内部自身的自愿的信息披露制度和强制的信息披露制度，而应该建立一种独立的第三方监督评价机制，并且以三个点为基础构建完善的信息披露体系。同时，增强信息传递效率，建立扁平化的信息传递机构，由于资本市场上信息产生的后果往往是“瞬时”的，因而应该加强信息披露机制的反应效率，例如，通过引入电子监控方式或其他高端进入建立应激反应机制。

2)宏观审慎和微观考虑相结合的框架构建

构建宏观审慎和微观考虑相结合的管理框架，将宏观机制和微观机制有效结合，建立多位一体的宏微观结合的监管框架。

当前我国经济正面临前所未有的机遇和挑战：证券市场开放程度不断扩大、人民币国际化、宏观经济下行压力、供给侧结构性改革宏观政策的实施等。因此，面临当前复杂宏观形势，预防系统性风险的政策制定在抓住系统性风险传染这个本质的同时，考虑宏观环境与微观企业特征之间的互动联结关系是极其关键的，这是由于产生于宏观层面的风险原本对于一些企业没有直接影响，但是伴随着经济变量的传导机制，经过复杂的中介作用，间接影响了这些企业，源自微观层面的风险由于大量聚集，伴随着风险重要性企业或金融机构的风险放大作用，形成了可以对整个社会、宏观经济产生影响的系统性风险。

3)从各类市场主体来说层面规范其自身行为

机构投资者持股对提升公司治理水平具有显著的效果表明其是资本市场上的理性投资者，通过建立监督甄别机制，对其合理引导以避免带来系统性危机的羊群行为。对于企业自身应该持续不断完善其内部治理机制、加强内部控制建设、做好信息披露工作，尤其是要建立内部监督检查机制和合理的高管权力制衡制度，保证企业内部的信息能够及时准确地传达到资本市场，降低企业内部与外部资本市场的信息不对称水平，从而减弱企业被证券分析师和机构投资者的羊群行为，营造"海晏河清"的资本市场信息环境，进一步降低资本市场的羊群行为减缓自身承担的系统性风险传染水平，同时也为降低系统性风险贡献力量。对市场的投资者来说，在股票市场中都应该具备强大的心理能力，不盲目跟从他们的投资者决策也不过度自信，保持理性。

4)从证券分析师角度

一方面，对证券分析师行业应引入合理的监管、激励和奖惩机制。证券分析师作为机构投资者的"服务者"，一旦涉及与机构投资者存在利益关系的事项时，难以保持其客观独立性，因而一是应当对证券分析师行业引入除证券分析师行业的其他行业的专门监察人员进行审核，同时，建立奖励和惩罚机制，将薪酬与证券分析师的预测报告准确性挂钩，一旦证券分析师出具的分析报告存在重大误导行为则对其实行诸如扣除奖金之类的惩罚，另外还可以从文化层面对证券分析师进行道德的教育和激励。

另一方面，政府监管机构应该制定公平、公正且透明的明星分析师的评价机制和确切的评价标准，甚至可以将行业制度考虑纳入法律范畴，法制的强制性和威慑力有利于彻底清除证券分析师行业的"乌烟瘴气"，使其更好发挥证券分析师向投资者传递信息的功效。此外，应该在证券分析师制作评级报告的一系列流程诸如收集信息、处理信息等引入内部控制机制，从而保证信息的有效性。

参考文献

[1] 艾洪德,刘聪. 基金经理个人特征与基金投资风格[J]. 财贸经济,2008(12):26-31.

[2] 鲍勤,孙艳霞. 网络视角下的金融结构与金融风险传染[J]. 系统工程理论与实践,2014(9):2202-2211.

[3] 蔡庆丰,杨侃,林剑波. 羊群行为的叠加及其市场影响:基于证券分析师与机构投资者行为的实证研究[J]. 中国工业经济,2011(12):111-121.

[4] 蔡庆丰,宋友勇. 超常规发展的机构投资者能稳定市场吗?:对我国基金业跨越式发展的反思[J]. 经济研究,2010(1):90-101.

[5] 蔡庆丰,杨侃. 是谁在“捕风捉影”:机构投资者 VS 证券分析师:基于A股信息交易者信息偏好的实证研究[J]. 金融研究,2013(6):193-206.

[6] 曹源芳,蔡则祥. 基于 VAR 模型的区域金融风险传染效应与实证分析:以金融危机前后数据为例[J]. 经济问题,2013(10):59-64.

[7] 陈国进,马长峰. 金融危机传染的网络理论研究述评[J]. 经济学动态,2010(2):118-122.

[8] 陈名芹,刘星,辛清泉. 上市公司现金股利不平稳影响投资者行为偏好吗? [J]. 经济研究,2017(6):90-104.

[9] 陈胜蓝,卢锐. 股权分置改革、盈余管理与高管薪酬业绩敏感性[J]. 金融研究,2012(10):180-190.

[10] 陈信元,黄俊.股权分置改革、股权层级与企业绩效[J].会计研究,2016(1):56-62.

[11] 陈运森,谢德仁.网络位置、独立董事治理与投资效率[J].管理世界,2011(7):113-127.

[12] 池国华,张向丽.基金羊群行为与投资组合崩盘风险:基于序贯交易模型的实证研究[J].科学决策,2018(5):35-64.

[13] 褚剑,方军雄.中国式融资融券制度安排与股价崩盘风险的恶化[J].经济研究,2016(5):143-158.

[14] 邓可斌,关子桓,陈彬.宏观经济政策与股市系统性风险:宏微观混合 β 估测方法的提出与检验[J].经济研究,2018(8):68-83.

[15] 丁志国,苏治,赵晶.资产系统性风险跨期时变的内生性:由理论证明到实证检验[J].中国社会科学,2012(4):83-102.

[16] 董大勇,等.谁领先发布:中国证券分析师领先:跟随影响因素的实证研究[J].南开管理评论,2012(5):56-63,104.

[17] 樊纲,王小鲁,马光荣.中国市场化进程对经济增长的贡献[J].经济研究,2011(9):4-16.

[18] 方红星,陈作华.高质量内部控制能有效应对特质风险和系统风险吗?[J].会计研究,2015(4):70-77.

[19] 方先明,谢雨菲.影子银行及其交叉传染风险[J].经济学家,2016(3):58-65.

[20] 方毅,张屹山.国内外金属期货市场“风险传染”的实证研究[J].金融研究,2007(5):133-146.

[21] 古志辉,郝项超,张永杰.卖空约束、投资者行为和A股市场的定价泡沫[J].金融研究,2011(2):129-148.

[22] 何佳,何基报,王霞.机构投资者一定能够稳定股市吗?:来自中国的经验证据[J].管理世界,2007(8):35-42.

[23] 何兴强,李涛.不同市场态势下股票市场的非对称反应:基于中国上

证股市的实证分析[J]. 金融研究,2007(8a):131－140.
[24] 胡昌生,夏凡捷. 投资者关注度、冷门股效应与股票收益[J]. 金融经济学研究,2016(6):15－27.
[25] 靳飞,田益祥,谭地军. 股票之间的风险传染和投资转移[J]. 系统工程,2009(7):14－21.
[26] 靳玉英,周兵. 新兴市场国家金融风险传染性研究[J]. 国际金融研究,2013(5):49－62.
[27] 李苍舒,沈艳. 风险传染的信息识别:基于网络借贷市场的实证[J]. 金融研究,2018(11):98－118.
[28] 李建勇,彭维瀚,刘天晖. 我国多层次场内股票市场板块互动关系研究:基于种间关系的视角[J]. 金融研究,2016(5):82－96.
[29] 李文贵,余明桂. 所有权性质、市场化进程与企业风险承担[J]. 中国工业经济,2012(12):115－127.
[30] 李志生,杜爽,林秉旋. 卖空交易与股票价格稳定性:来自中国融资融券市场的自然实验[J]. 金融研究,2015(6):173－188.
[31] 廖理,贺裴菲,张伟强,等. 中国个人投资者的过度自信和过度交易研究[J]. 投资研究,2013(8):35－46.
[32] 廖明情,邓路,宋顺林. 证券分析师角色:平抑情绪还是随波逐流?[J]. 系统工程理论与实践,2016(6):1399－1414.
[33] 刘锋,叶强,李一军. 媒体关注与投资者关注对股票收益的交互作用:基于中国金融股的实证研究[J]. 管理科学学报,2014(1):72－85.
[34] 刘莎莎,刘玉珍,唐涯. 信息优势、风险调整与基金业绩[J]. 管理世界,2013(8):73－82.
[35] 陆蓉,徐龙炳. “牛市”和“熊市”对信息的不平衡性反应研究[J]. 经济研究,2004(3):65－72.
[36] 罗进辉,杜兴强. 媒体报道、制度环境与股价崩盘风险[J]. 会计研

究,2014(9):53－59,97.

[37] 孟庆斌,吴卫星,于上尧. 基金经理职业忧虑与其投资风格[J]. 经济研究,2015(3):115－130.

[38] 孟庆斌,杨俊华,鲁冰. 管理层讨论与分析披露的信息含量与股价崩盘风险:基于文本向量化方法的研究[J]. 中国工业经济,2017(12):132－150.

[39] 纳鹏杰,雨田木子,纳超洪. 企业集团风险传染效应研究:来自集团控股上市公司的经验证据[J]. 会计研究,2017(3):53－60.

[40] 潘越,戴亦一,林超群. 信息不透明、分析师关注与个股暴跌风险[J]. 金融研究,2011(9):138－151.

[41] 彭旋,王雄元. 客户股价崩盘风险对供应商具有传染效应吗?[J]. 财经研究,2018(2):141－152.

[42] 权小锋,吴世农,尹洪英. 企业社会责任与股价崩盘风险:"价值利器"或"自利工具"?[J]. 经济研究,2015(11):49－64.

[43] 申宇,赵静梅,何欣. 校友关系网络、基金投资业绩与"小圈子"效应[J]. 经济学(季刊),2016(1):403－428.

[44] 史永东,王谨乐. 中国机构投资者真的稳定市场了吗?[J]. 经济研究,2014(12):100－112.

[45] 史永东,杨瑞杰. 是谁影响了股价下行风险:有形信息 VS 无形信息[J]. 金融研究,,2018(10):189－206.

[46] 宋军,吴冲锋. 证券市场中羊群行为的比较研究[J]. 统计研究,2001(11):23－27.

[47] 孙培源,施东晖. 基于 CAPM 的中国股市羊群行为研究:兼与宋军、吴冲锋先生商榷[J]. 经济研究,2002(2):64－70.

[48] 谭松涛,王亚平. 股民过度交易了么?:基于中国某证券营业厅数据的研究[J]. 经济研究,2006(10):83－95.

[49] 汪昌云,汪勇祥. 资产定价理论:一个探索股权溢价之谜的视角[J].

管理世界,2007(7):136－151.
[50] 王鹏,吴金宴.基于协高阶矩视角的沪港股市风险传染分析[J].管理科学学报,2018(6):34－47.
[51] 王营,曹廷求.中国区域性金融风险的空间关联及其传染效应:基于社会网络分析法[J].金融经济学研究,2017(3):46－55.
[52] 王永巧,刘诗文.基于时变 Copula 的金融开放与风险传染[J].系统工程理论与实践,2011(4):778－784.
[53] 伍旭川,何鹏.中国开放式基金羊群行为分析[J].金融研究,2005(5):60－69.
[54] 向诚,陆静.投资者有限关注、行业信息扩散与股票定价研究[J].系统工程理论与实践,2018(4):817－835.
[55] 肖继辉,彭文平.基金经理特征与投资能力、投资风格的关系[J].管理评论,2012(24.7):40－48.
[56] 肖峻.股市周期与基金投资者的选择[J].经济学:季刊,2013(3):1299－1320.
[57] 肖欣荣,刘健,赵海健.机构投资者行为的传染:基于投资者网络视角[J].管理世界,2012(12):35－45.
[58] 徐琼,赵旭.我国基金经理投资行为实证研究[J].金融研究,2008(8):145－155.
[59] 徐欣.系统性风险传染的波动性研究:基于金融网络动态关联的视角[J].南方经济,2018(12):40－56.
[60] 许年行,于上尧,伊志宏.机构投资者羊群行为与股价崩盘风险[J].管理世界,2013(7):31－43.
[61] 许年行,等.分析师利益冲突、乐观偏差与股价崩盘风险[J].经济研究,2012(7):127－140.
[62] 英定文.开放式证券投资基金风险管理系统研究[J].财经论丛,2003(3):59－63.

[63] 应千伟,呙昊婧,邓可斌. 媒体关注的市场压力效应及其传导机制[J]. 管理科学学报,2017(4):32-49.
[64] 应千伟,周开国,陈双双. 中国资本市场中媒体关注与股票投资回报:风险补偿还是注意力驱动? [J]. 证券市场导报,2015(5):33-42.
[65] 于李胜,王艳艳. 信息竞争性披露、投资者注意力与信息传播效率[J]. 金融研究,2010(8):112-135.
[66] 于忠泊,叶琼燕,田高良. 外部监督与盈余管理:针对媒体关注、机构投资者与分析师的考察[J]. 山西财经大学学报,2011(9):90-99.
[67] 余明桂,夏新平,邹振松. 管理者过度自信与企业激进负债行为[J]. 管理世界,2006(8):104-112,125,172.
[68] 俞庆进,张兵. 投资者有限关注与股票收益:以百度指数作为关注度的一项实证研究[J]. 金融研究,2012(8):152-165.
[69] 袁鲲,段军山,沈振宇. 股权分置改革、监管战略与中国股市波动性突变[J]. 金融研究,2014(6):162-176.
[70] 张乐才. 企业资金担保链:风险消释、风险传染与风险共享:基于浙江的案例研究[J]. 经济理论与经济管理,2011(10):57-65.
[71] 张敏,童丽静,许浩然. 社会网络与企业风险承担:基于我国上市公司的经验证据[J]. 管理世界,2015(11):161-175.
[72] 张向丽,池国华. 企业内部控制与机构投资者羊群行为:"反向"治理效果及异质性分析[J]. 财贸研究,2019(1):103-114.
[73] 张一,惠晓峰,李喆. 宏观经济冲击、羊群行为与金融传染:基于高阶资本资产定价模型的实证分析[J]. 系统工程,2017(5):11-19.
[74] 张宗新,杨万成. 声誉模式抑或信息模式:中国证券分析师如何影响市场? [J]. 经济研究,2016(9):104-117.
[75] 赵静梅,何欣,吴风云. 中国股市谣言研究:传谣、辟谣及其对股价的冲击[J]. 管理世界,2010(11):38-51.

[76] 赵龙凯，陆子昱，王致远. 众里寻“股”千百度：股票收益率与百度搜索量关系的实证探究[J]. 金融研究，2013(4)：183 - 195.

[77] 赵秀娟，汪寿阳. 基金经理在多大程度上影响了基金业绩?：业绩与个人特征的实证检验[J]. 管理评论，2010(22.1)：3 - 12.

[78] 周天芸，周开国，黄亮. 机构集聚、风险传染与香港银行的系统性风险[J]. 国际金融研究，2012(4)：77 - 87.

[79] Acharya V, Tanju Y. Information Contagion and Bank Herding [J], Journal of Money, Credit and Banking, 2008, 40(1):215 - 231.

[80] Akerlof G, A. The Marketfor ‘Lemons’: Quality, Uncertainty and The Market Mechanism [J]. Quarterly Journal of Economics, 1970, 84(3):488 - 500.

[81] Alesina A, Perotti R. Income Distribution, Political Instability, and Investment [J]. European Economic Review, 1996, 40(6): 1203 - 1228.

[82] Allen F, Gale D. Financial Contagion [J]. Journal of Political Economy, 2000, 108(1):1 - 33.

[83] Andersen T G. Bollerslev T., Diebold F. X., and Wu J. A Framework for Exploring the Macroeconomic Determinants of Systematic Risk [J]. American Economic Review, 2005, 95(2): 398 - 404.

[84] Andrew B. Will Bequests Attenuate the Predicted Meltdown in Stock Prices When Baby Boomers Retire? [J]. Review of Economics & Statistics, 2001(4):589 - 595.

[85] Ang A, Kristensen D. Testing Conditional Factor Models [J]. Journal of Financial Economics, 2012, 106(1):132 - 156.

[86] Antoniou A, Alexandridis G, Zhao H. Valuation Effects of

Institutional Ownership: The Case of Corporate Takeovers[J]. Ssrn Electronic Journal, 2005.

[87] Asness C. S, Moskowitz T J, Pedersen L H. Value and Momentum Everywhere[J]. The Journal of Finance, 2013, 68(3):929-985.

[88] Avery C, Zemsky P. Multidimensional Uncertainty and Herd Behavior in Financial Markets", American Economy Review. 1998 (88):724-748.

[89] Baker G, Gibbon R, Murphy K J. Relational Contracts and The Theory of The Firm[J]. The Quarterly Journal of Economics, 2002, 112(2):39-84.

[90] Baker S. R, Bloom N, Davis S J. Measuring Economic Policy Uncertainty[J]. The Quarterly Journal of Economics, 2016, 131 (4):1593-1636.

[91] Banerjee A V. A Simple Model of Herd Behavior[J]. Quarterly Journal of Economics, 1992(3):797-817.

[92] BarabÁSi A L, Albert R. Emergence of Scaling in Random Networks[J]. Science, 1999, 286(5439):509-512.

[93] Barberis N, Huang M. Mental Accounting, Loss Aversion, and Individual Stock Returns[J]. Journal of Finance, 2001, 56(4): 1247-1292.

[94] Beck T, Levine R. Industry Growth and Capital Allocation: Does Having A Market-or Bank-Based System Matter? [J]. Journal of Financial Economics, 2002, 64(2):147-180.

[95] Benner M J, Tushman M L. Exploitation, Exploration, and Process Management: The Productivity Dilemma Revisited[J]. Academy of Management Review, 2003, 28(2):238-256.

[96] Berkelaar A B, Kouwenberg R, Post T. Optimal Portfolio Choice

Under Loss Aversion[J]. Review of Economics & Statistics, 2004, 86(4):973 - 987.

[97] Bester H. Screening Vs Rationing in Credit Markets with Imperfect Information[J]. American Economic Review, 1985, 75(8):850 - 855.

[98] Bhagat S, Welch I. Corporate Research & Development Investments International Comparisons [J]. Journal of Accounting & Economics, 1995, 19(2 - 3):443 - 470.

[99] Bikhchandani S, Hirshleifer D, Welch I. A Theory of Fads, Fashion, Custom, and Cultural Change as Information Cascades [J]. Journal of Political Economy, 1992(5):992 - 1026.

[100] Bikhchandani S, Sharma S. Herd Behavior in Financial Markets [J]. Imf Staff Papers, 2000, 47(3):279 - 310.

[101] Billings B A, Fried Y. The Effects of Taxes and Organizational Variables on Research and Development Intensity[J]. R&D Management, 2010, 29(3):289 - 302.

[102] Bin K E, Petroni K. How Informed Are Actively Trading Institutional Investors? Evidence From Their Trading Behavior Before A Break In A String of Consecutive Earnings Increases[J]. Social Science Electronic Publishing, 2006(5):895 - 927.

[103] Bohl M T, Siklos P L, Sondermann D. European Stock Markets and The Ecb's Monetary Policy Surprises * [J]. International Finance, 2008(2):117 - 130.

[104] Brown N C, Wei K D. Wermers R. Analyst Recommendations, Mutual Fund Herding, and Overreaction in Stock Prices[J]. INFORMS, 2014.

[105] Brunnermeier M K, Nagel S. Hedge Funds and The Technology

Bubble[J]. Journal of Finance, 2004(5):2013 - 2040.

[106] Byrnes J P, Miller D C, Schafer W D. Gender Differences in Risk Taking: A Meta - Analysis[J]. Psychological Bulletin, 1999, 125 (3):367.

[107] Caballero R J, Krishnamurthy A. Global Imbalances and Financial Fragility[J]. Global Cooperation Among G20 Countries, 2009.

[108] Carhart M. On PersistenceIn Mutual Fund Performance[J]. Journal of Finance, 1997, 52(1):57 - 82.

[109] Chan L, Karceski J, Lakonishok J. The Level and Persistence of Growth Rates[J]. Journal of Finance, 2003, 58(2):643 - 684.

[110] Chandler G N, Hanks S H. Market Attractiveness, Resource-Based Capabilities, Venture Strategies, and Venture Performance [J]. Journal of Business Venturing, 1994, 9(4):331 - 349.

[111] Che Y, Lu Y, Tao Z, Et Al. The Impact of Income on Democracy Revisited[J]. Journal of Comparative Economics, 2013, 41(1): 159 - 169.

[112] Chen C, Kim J B Yao L. Earnings Smoothing: Does It Exacerbate or Constrain Stock Price Crash Risk? [J]. Social Science Electronic Publishing, 2014, 42(6):36 - 54.

[113] Chen J, Hong H, Stein C J. Forecasting Crashes: Trading Volume, Past Returns and Conditional Skewness in Stock Price [J]. Journal of Financial Economics, 2001(61):345 - 381.

[114] Cheung Y W, Ng L K. "International Evidence on The Stock Market and Aggregate Economic Activity[J]. Journal of Empirical Finance, 1998, 5(3):281 - 296.

[115] Chevalier J, Ellison G. Career Concerns of Mutual Fund Managers[J]. Quarterly Journal of Economics, 1999(2):389 - 432.

[116] Chiang T C, Li J, Tan L. Empirical Investigation of Herding Behavior in Chinese Stock Markets: Evidence from Quantile Regression Analysis [J]. Global Finance Journal, 2010(1):111-24.

[117] Choi S, Nicole H. Institutional Herding in International Markets [J]. Journal of Banking & Finance, 2015, 55(C):246-259.

[118] Christensen C M, Rosenbloom R S. Explaining The Attacker's Advantage: Technological Paradigms, Organizational Dynamics, and The Value Network[J]. Research Policy, 1995, 24(2):233-257.

[119] Chuang W I, Lee B S. An Empirical Evaluation of The Overconfidence Hypothesis[J]. Journal of Banking & Finance, 2006, 30(9):2489-2515.

[120] Chui A C W, Titman S, Wei K C J. Individualism and Momentum Around The World[J]. The Journal of Finance, 2010, 65(1): 361-392.

[121] Cochrane J H. Asset Pricing: Revised Edition[M]. Princeton University Press, 2005.

[122] Cosemans M, Frehen R, Schotman P C, and Bauer R. Estimating Security Betas Using Prior Information Based on Firm Fundamentals [J]. Review of Financial Studies, 2016, 29(4):1072-1112.

[123] Cull R, DemirgÜÇ-Kunt A, Lin J Y. Financial Structure and Economic Development: A Reassessment[J]. The World Bank Economic Review, 2013, 27(3):470-475.

[124] Da M, Nicodano G, Sembenelli A. Public Policy and The Creation of Active Venture Capital Markets [J]. Journal of Public Economics, 2006, 90(8-9):1699-1723.

[125] Daniel K, Titman S. Evidence on The Characteristics of Cross-

Sectional Variation in Stock Returns[J]. The Journal of Finance, 1997, 52(1):1-33.

[126] Daniel K, Titman S. Market Reactions To Tangible and Intangible Information[J]. Journal of Finance, 2006, 61(4):1605-1643.

[127] De L. Bull and Bear In The United States. In: Newman, P., Milgate, M., Eatwell, J. (Eds.), The New Palgrave Dictionary of Money and Finance[M]. Mac Millan Press Limited, 1992:253-255.

[128] Dechow P M, Sloan R G, Sweeney A P. Detecting Earnings Management[J]. Accounting Review, 1995, 70(2):193-225.

[129] Devenow A, Welch I. Rational Herding in Financial Economics [J]. European Economic Review, 1996(35):603-615.

[130] Dimson E. Risk Measurement When Shares Are Subject to Infrequent Trading[J]. Journal of Financial Economics, 1979, 7(2):197-226.

[131] Easterwood J C, Nutt S R. Inefficiency in Analysts' Earnings Forecasts: Systematic Misreaction or Systematic Optimism? [J]. Journal of Finance, 1999, 54(5):1777-1797.

[132] Fama E F, French K R. Size, Value, and Momentum In International Stock Returns[J]. Journal of Financial Economics, 2012, 105(3):457-472.

[133] Fama E F, French K R. A Five-Factor Asset Pricing Model[J]. Journal of Financial Economics, 2015, 116(1):1-22.

[134] Fama E F. Efficient Capital Markets: of Theory and Empirical Work[J]. Journal of Finance, 1970, 25(2):383-417.

[135] Fama E F. Stock Returns, Expected Returns, and Real Activity [J] Journal of Finance, 1990, 45(4):1089-1108.

[136] Fama E F, French K R. Common Risk FactorsIn The Returns on Stocks and Bonds[J]. Journal of Financial Economics, 1993, 33(1):3-56.

[137] Fama E F, French K R. The Cross-Section of Expected Stock Returns[J]. Journal of Finance, 1992, 47(2):427-465.

[138] Ferrary M. Syndication of Venture Capital Investment: The Art of Resource Pooling[J]. Entrepreneurship Theory & Practice, 2010, 34(5):885-907.

[139] Festinger L. A Theory of Cognitive Dissonance[M]. Stanford University Press, 1957:164-165.

[140] Fortin I, Hlouskova J. Dowside Loss Aversio: Wier or Loser? [J]. Mathematical Methods of Operations Research, 2015, 81(2):181-233.

[141] Frey S, Herbst P, Walter A. Measuring Mutual Fund Herding — A Structural Approach[J]. Journal of International Financial Markets Institutions & Money, 2014(3):219-239.

[142] Garas A, Argyrakis P, Rozenblat C, Et Al. Worldwide Spreading of Economic Crisis[J]. New Journal of Physics, 2010, 12(11):113043.

[143] Belev C. Minimizing Risk In High-Tech Programs[J]. Cost Engineering, 1989, 31(10):11-14.

[144] Gervais S, Odean T. Learning To Be Overconfident[J]. Review of Financial Studies, 2001, 14(1):1-27.

[145] Gigerenzer G, Hoffrage U, Kleinbölting H. Probabilistic Mental Models: A Brunswikian Theory of Confidence[J]. Psychological Review, 1991, 98(4):506-28.

[146] Golec J H. The Effects of Mutual Fund Manager's Characteristics

on Their Portfolio Performance, Risk and Fees[J]. Financial Services Review, 1996(5):133 - 148.

[147] Gottesman A, Morey M R. Manager Education and Mutual Fund Performance[J]. Journal of Empirical Finance, 2006(2):145 - 182.

[148] Gregory K, Reza S. Positive Feedback Trading in Emerging Capital Markets[J]. Applied Financial Economics, 2001, 11(3): 291 - 297.

[149] Hall B H. The Financing of Research and Development[J]. Oxford Review of Economic Policy, 2002, 18(1):35 - 51.

[150] Hamada R S. The Effect of The Firm'S Capital Structure on The Systematic Risk of Common Stocks[J]. The Journal of Finance, 1972,27(2):435 - 452.

[151] He J J, Tian X. The Dark Side of Analyst Coverage: The Case of Innovation[J]. Journal of Financial Economics, 2013, 109(3):856 - 878.

[152] He Z L, Wong P K. Exploration Vs. Exploitation: An Empirical Test of The Ambidexterity Hypothesis[J]. Organization Science, 2004, 15(4):481 - 494.

[153] Hutton A P, Marcus A J, Tehranian H. Opaque Financial Reports, R^2, and Crash Risk ☆ [J]. Journal of Financial Economics, 2009(1):67 - 86.

[154] Iannotta G, George P, Santos A C. Ratings-Based Regulation and Systematic Risk Incentives[J]. The Review of Financial Studies, 2018, 32(4):1374 - 1415.

[155] Jagannathan R, Wang Z. The Conditional CAPM and Cross-Section of Expected Returns[J]. Journal of Finance, 1996, 51(1):

3 - 53.

[156] Jegadeesh N, Titman S. Returns to Buying Winners and Selling Losers: Implications For Stock Market Efficiency[J]. Journal of Finance, 1993, 48(1):65 - 91.

[157] Jegadeesh N, Kim W. Do Analysts Herd? An Analysis of Recommendations and Market Reactions[J]. Review of Financial Studies, 2010(2):901 - 937.

[158] Ji H L, Phillips P C. Asset Pricing with Financial Bubble Risk[J]. Journal of Empirical Finance, 2015(38): 590 - 622.

[159] Jin L, Myers S C. R2 Around The World:New Theory and New Tests[J]. Journal of Financial Economics, 2006(79):257 - 292.

[160] Julio B, Yook Y. Political Uncertainty and Corporate Investment Cycles[J]. The Journal of Finance, 2012, 67(1):45 - 83.

[161] Kambhu J, Schuermann T, Stiroh K. Hedge Funds, Financial Intermediation, and Systemic Risk[J]. SSRN Electronic Journal, 2007, 13(12):1 - 18.

[162] Kim J B, Zhang L. Accounting Conservatism and Stock Price Crash Risk: Firm-Level Evidence[J]. Contemporary Accounting Research, 2016, 33(1):412 - 441.

[163] Kim J B, Li Y H, Zhang L D. Corporate Tax Avoidance and Stock Price Crash Risk: Firm-Level Analysis[J]. Journal of Financial Economics, 2011a,(100):639 - 662.

[164] Kim J B, Li Y H, Zhang L D. Cfos Versus Ceos: Equity Incentives and Crashes [J]. Journal of Financial Economics, 2011b,(101):713 - 730.

[165] Kon S J. The Market-Timing Performance of Mutual Fund Managers[J]. Journal of Business, 2000, 56(3):323 - 347.

[166] Kraus A, Stoll H R. Parallel Trading by Institutional Investors [J]. Journal of Financial and Quantitative Analysis, 1972(7): 2107 - 2138.

[167] Lakonishok J A, Shleifer A, Vishny R W. The Impact of Institutional Trading on Stock Price [J]. Journal of Financial Economics, 1992(32):23 - 43.

[168] Li W, Rhee G, Wang S S. Differences in Herding: Individual Vs. Institutional Investors[J]. Pacific-Basin Finance Journal, 2016, 45.

[169] Long D, Shleifer L H, Waldmann R J. Positive Feedback Investment Strategies and Destabilizing Rational Speculation[J]. Journal of Finance, 1992(2):379 - 395.

[170] Lotka A J. Elements of Physical Biology [J]. Williams and Wilkins, 1925(82):341 - 343.

[171] Miller M H, Scholes M. Rates of Return in Relation To Risk: A Reexamination of Some Recent Findings [J]. Studies in The Theory of Capital Markets, 1972, 23.

[172] Niessen A, Ruenzi S. Sex Matters: Gender and Mutual Funds[J]. Manuscript, 2006.

[173] Piotroski J D, Wong T J, Zhang T. Political Incentives to Suppress Negative Information: Evidence From Chinese Listed Firms [J]. Journal of Accounting Research, 2015(2):405 - 459.

[174] Piotroski J D, Wong T J, Zhang T. Political Incentives To Suppress Negative Information: Evidence From Chinese Listed Firms [J]. Journal of Accounting Research, 2015(2):405 - 459.

[175] Polak J J, Boughton J M. Streamlining The Financial Structure of The International Monetary Fund [J]. Economic Theory and

Financial Policy, 2016, 175 - 199.

[176] Prajogo D I. The Strategic Fit Between Innovation Strategies and Business Environment In Delivering Business Performance[J]. International Journal of Production Economics, 2016, 171(9): 241 - 249.

[177] Puckett A, Lipson M L. Institutional Trading During Extreme Market Movements[J]. Ssrn Electronic Journal, 2005.

[178] Richard T, Mark E. Risk-Adjusted Performance of Mutual Funds [J]. New England Economic Review, 2001(9/10):33 - 48.

[179] Santis D, Roberto A. Unobservable Systematic Risk, Economic Activity and Stock Market[J]. Journal of Banking & Finance, 2018, 97:51 - 69.

[180] Schrand C M, Zechman S L C. Executive Overconfidence and The Slippery Slope To Financial Misreporting [J]. Journal of Accounting and Economics, 2012, 53(1 - 2):311 - 329.

[181] Schwarz C G. Mutual Fund Tournaments: The Sorting Bias and New Evidence[J]. Review of Financial Studies, 2012(3):913 - 936.

[182] Sias R W. Institutional Herding[J]. Review of Financial Studies, 2004(1):165 - 206.

[183] Siegel J J. Stocks For The Long Run, The Definitive Guide To Financial Market Returns and Long-Term Investment Strategies [J]. New York Review of Books, 2002(11):22 - 27.

[184] Smith L, Sorensen P N. Informational Herding and Optimal Experimentation[J]. Economics Papers, 2006(35):923 - 955.

[185] Tan L, Chiang T C, Mason J R, Nelling E. Herding Behavior In Chinese Stock Market: An Examination of A and B Shares[J].

Pacific-Basin Finance Journal, 2008(16):61 - 77.

[186] Tsinopoulos C, Sousa C M P, Yan J. Process Innovation: Open Innovation and The Moderating Role of The Motivation To Achieve Legitimacy [J]. Journal of Product Innovation Management, 2018, 35(1):27 - 48.

[187] Wermers R. Mutual Fund Herding and Impact on Stock Prices[J]. Journal of Finance, 1999(2):518 - 622.

[188] Xuejing X, Shan Y. Accounting Information Quality and Systematic Risk [J]. Review of Quantitative Finance and Accounting, 2019, 52(1):85 - 103.

[189] Zhang L. The Value Premium[J]. Journal of Finance, 2005, 60(1):67 - 103.

[190] Zhang X F. Information Uncertainty and Stock Returns [J]. Journal of Finance, 2006, 61(1):105 - 137.